JN033445

西国街道・山陽道
徒歩の旅絵日記

長坂 清臣
Kiyoomi Nagasaka

文芸社

はじめに

前作『中山道六十九次 徒歩の旅絵日記』に続いて、このたび『西国街道・山陽道 徒歩の旅絵日記』を本にすることになりました。中山道の旅をしている最中に、私は六十歳になりました。その頃はある研究機構の建築設備技術者として、研究機構が保有する建物の新築や改修工事の設計、現場監理の仕事をしていました。その仕事は面白く、自分が設計や現場監理を担当した建物が実際に出来上がる仕事に誇りを持って取り組んでいました。その仕事の合間に中山道を歩いていたわけですが、中山道の最終到着地である京都三条大橋に近づくにつれ、このままもっと遠くへ歩き続けたいと思うようになりました。それに六十歳になったのだから、自分の人生は一度きりだし、好きなことをしてみたい。このまま歩き続けて関門海峡を通過して、「日本縦断徒歩の旅」をするのが面白そうだと考えるようになりました。「日本縦断徒歩の旅」となると、埼玉県に在住の私にとって、これから行く所は益々遠くなるので、仕事の合間に旅をするわけにはいきません。一方で日々の仕事も充実していましたので、建築設備設計の仕事に対する未練があります。そこで職場を一旦退職して二年間限定で旅に専念することにしました。数年後でも仕事はできる自信はありますが、「日本縦断徒歩の旅」は健康面や体力面からできる保証はないと考えたからです。その旅は中山道の時と同様にスマホやデジカメは持たないで、手帳とシャープペンシルでスケッチをしながらゆっくりと歩く旅です。何か気持ちがわくわくしてきました。暑い季節は北の方へ、寒くなると南の方へ旅をして、最終的に「日本縦断徒歩の旅」が終了した時は、歩いた道が全てつながっているのです。日本の各地で美しい風景を見て、美味しい物を食べ、地元の人達との楽しい出会いが待っていそうです。

中山道の旅を2017年3月に終えた私は、翌月の4月に京都の東寺から西国街道・山陽道の旅を歩き始めました。この街道歩きの終点は九州の大里ですが、その後の「日本縦断徒歩の旅」を考慮して小倉まで歩く旅です。昔の旅人のように一気に歩き通せばよいのですが、私にはそのような体力と根性はなく、3回に分けて旅をしました。それにゆっくりとした旅の方が後の記憶に残ることを中山道の旅で学びました。時間は十分にあるのですから急ぐ必要などないのです。それでも中山道の時よりは、着替え等が多くなり荷物が重くなったので苦労しました。

今回の旅で参考にした文献は『太陽コレクション地図京都・大阪・山陽道』（平凡社）です。中山道の時のようなガイドブックは市販されていないので、神田神保町の古書店で購入しました。この本には山陽道の地図が記載されているので、市販の道路マップを必要部分のみ拡大コピーしてからマーカーで色付けして、それを頼りに歩きました。そのため、マーカーの塗り間違いが原因で本来の街道とは違う道を歩いたことがたびたびありました。でも旅ではそのような間違いが、旅を終えた後にはより記憶に残るものです。また、そのような予定外のアクシデントが起こった時に、本当の旅の力が試されます。

私は「日本縦断徒歩の旅」を通して、これを絵日記としてまとめる予定です。この本は『中山道六十九次徒歩の旅絵日記』に続く二番目の本になります。西国街道・山陽道の旅は瀬戸内海に浮かぶ島々を眺めながら歩く楽しい旅でした。源平合戦や忠臣蔵などの歴史を感じさせてくれる所も通りました。この本を読んでいただけた人が西国街道と山陽道に少しでも興味を持っていただけたら嬉しく思います。

西国街道・山陽道　徒歩の旅絵日記　目次

西国街道・山陽道　徒歩の旅絵日記

西国街道・山陽道 宿場一覧

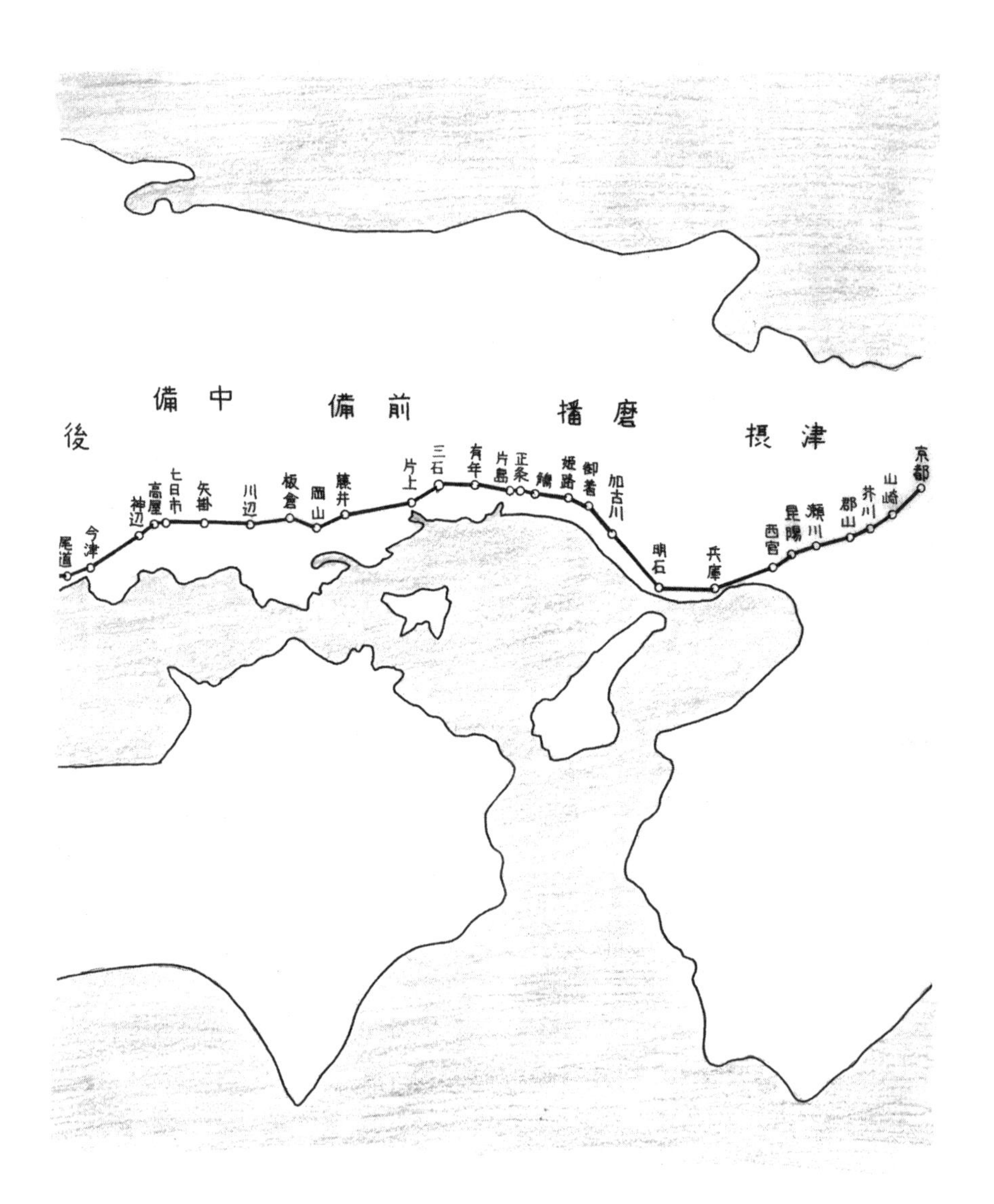

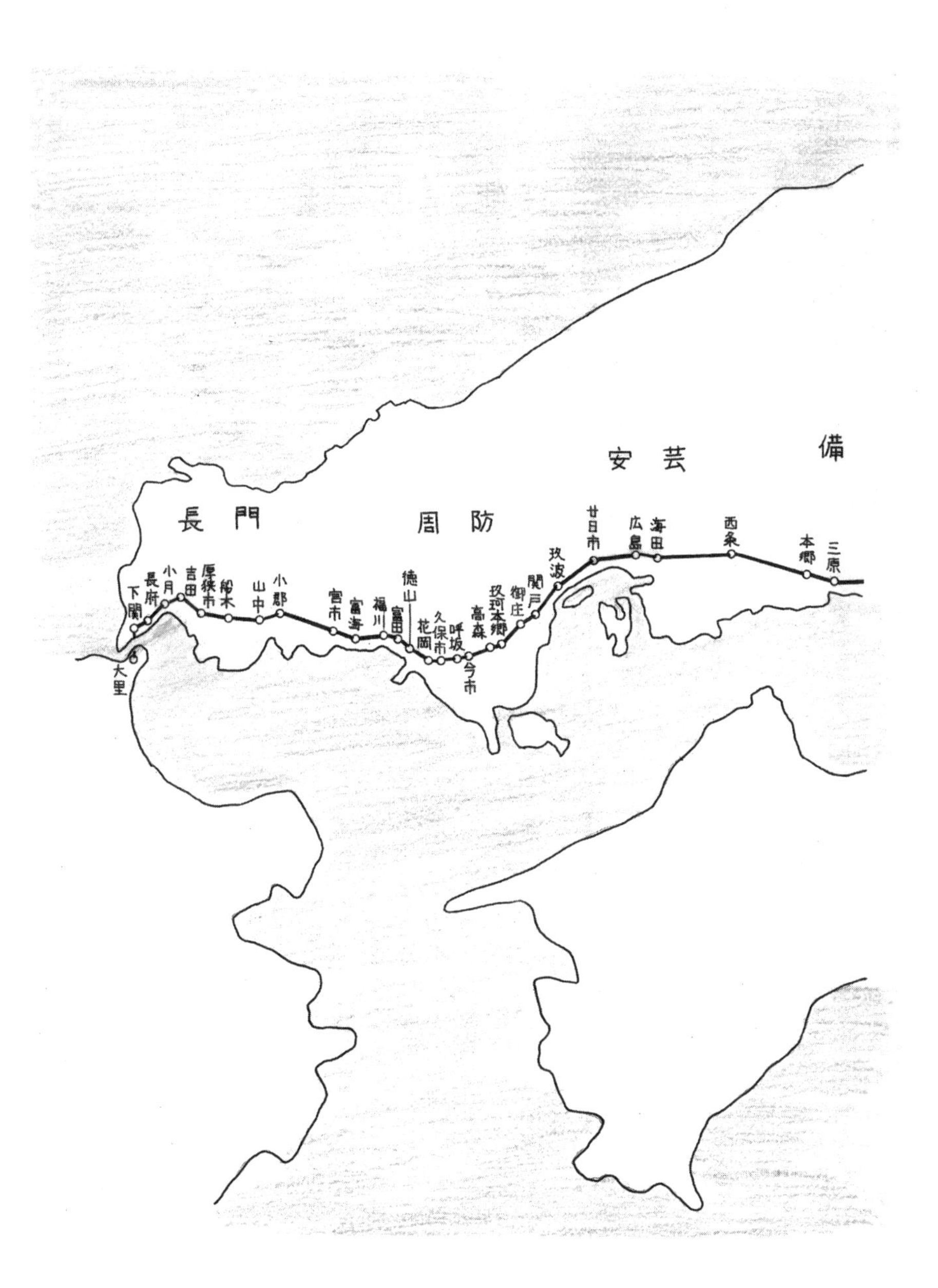
備
安芸
長門
周防
下関
長府
小月
吉田
厚狭市
船木
山中
小郡
宮市
富海
福川
富田
徳山
花岡
久保市
呼坂
今市
高森
玖珂本郷
御庄
関戸
玖波
廿日市
広島
海田
西条
本郷
三原
大里

京都 東寺

京都　東寺　五重塔と桜

2017.04.16 5:14AM
電車は稲山公園駅を出たところ。
太陽が昇ってきた。
いよいよ西国街道の旅が
始まる。

2017.04.16 7:50AM はれ
車窓からの富士山。今日は暑くなりそうだ。

京都 東寺

西国街道の旅が始まった。京都の東寺から、
はるか先の関門海峡に向けて歩き出した。

２０１７年４月16日

京都 東寺

２０１７年の4月中旬から、西国街道・山陽道の旅を開始した。最寄駅から西武池袋線の始発電車に乗り、車窓を見ると、ちょうど太陽が昇って来たところで、赤い光が車両の中に満ちて私の門出を祝ってくれているようだった。東京駅から東海道・山陽新幹線に乗ったが、この西国街道・山陽道の旅では毎回この新幹線を利用することになりそうだ。西国街道は広い意味では京都から九州の大里までを指すが、狭い意味では京都から西宮までを言う。そして西宮から大里までは山陽道と呼ばれている。一般的には後者の呼び方のような使い分けが通用しているようなので、この道中記でもそれにならうことにする。

今回の旅は9泊10日と長い。そのため荷物が多くなり、登山用のザックを背負っての旅だ。この日は天気がよく、新幹線の車窓からはまだ雪に覆われた富士山がきれいだった。実に幸先がいい。でも今日は暑くなりそうだ。少し厳しい旅になりそうな予感がする。ところで私の隣の座席に年配の女性が座っている。その方は三重県で同窓会があるとのことで、家には３匹の犬を飼っているので今日中に千葉の家に戻らなくてはいけないとのことだ。名古屋駅からの近鉄への行き方を教えたり、犬の写真を見せていただいたりして楽しく過ごした。今回の旅でもいろいろな人に出会うだろう。旅をしていると見た風景よりも出会った人達の方が印象に残ることが多い。その方が名古屋駅で降りると、地図で今日歩く道順を確認する。段々と気合が入ってきた。

京都駅で下車して東寺に向かう。この東寺が西国街道の始点である。パンフレットによると「延暦13年（７９４年）桓武天皇は奈良から長岡京を経て平安京へと都を遷され羅城門の東西にそれぞれ大寺を置かれました。東寺は左寺とも申しますが本格的に活動を始めたのは弘法大師の造営以後であります」とのこと。年表

では空海が東寺を賜ったのは弘仁14年（823年）で講堂及び講堂諸尊の造営を始めたのは天長2年（825年）である。今日はこのパンフレットに出て来た羅城門跡や長岡京跡に寄る予定だ。

東寺ではまだ桜が咲いていた。桜の向こうには五重塔が見える。本来なら、金堂や講堂等の建物群、五大明王像を見たかったのだが、以前に見たことを言い訳として、時間がないこともあり諦める。そして近くにある羅城門跡に寄った。公園内の柵で囲われた中に碑がある。ここが平安京への出入り口だった。そして西国街道最初の宿場、山崎宿へと歩き出した。さらにはるか先には関門海峡が待っている。天気は快晴。私の日本縦断徒歩の旅がここに始まった。

1　山崎宿

山崎　天王山

山崎

山崎と言えば天王山。葉桜を前にして、羽柴秀吉と明智光秀の戦いを思い浮かべた。

２０１７年４月16日

桂川を見ながら土手にあるベンチに座り昼食をしながら準備を整える。今日は日曜日で、天気がよいのでランニングをする人や犬を連れて散歩をする人で賑わっている。周りには菜の花が咲いていてきれいだ。その向こうには東海道新幹線が通過して行くのが見える。川面を見ながら思い出していた。中山道の歩き旅を終えた直後、京都三条大橋の下で鴨川を眺めながら西国街道・山陽道を歩く旅を決心したことを。あの時は寒かったが、今回の旅ではいい季節の中で明るい瀬戸内海を望みながら旅ができそうだ。そしてその先には日本縦断徒歩の旅が待っていると思い始めていた。

桂川に架かる久世橋を渡り、東向日駅の横に来ると築榊講常夜燈がある。江戸時代建立の常夜燈で、当時は通行する人々の安全に貢献したに違いない。ここが西国街道だったことを実感できる所だ。向日町競輪場の横を通り過ぎる。私が奈良に住んでいた時に何回か通った競輪場だ。東向日駅から今歩いている道はその頃に歩いていたことを思い出した。この日は開催していなくてよかった。開催していれば、旅の路銀を増やそうかと迷ったに違いない。須田家住宅と中小路家住宅という端正な姿をした木造の民家を見ながら歩く。近くには長岡京跡があるので寄ってみたが石碑があるだけだ。横のベンチでタバコを吸っている男性もいて興をそぐ。東寺の横にあった羅城門跡もそうだが、長岡京や平安京の跡はあまり保存されないまま開発が進んだようだ。奈良では今でも平城宮跡の復元が盛んに行われているが、それは遷都の後に農地になり運よく開発をまぬがれたからだろう。

地図を見ると近くには長岡天満宮があるのだが、街道から１㎞ほど離れているので寄らないでおく。多少は街道からそれても、道々の歴史を知りながら歩きたいのだが、時間通りにその日の目的地に着くことを優

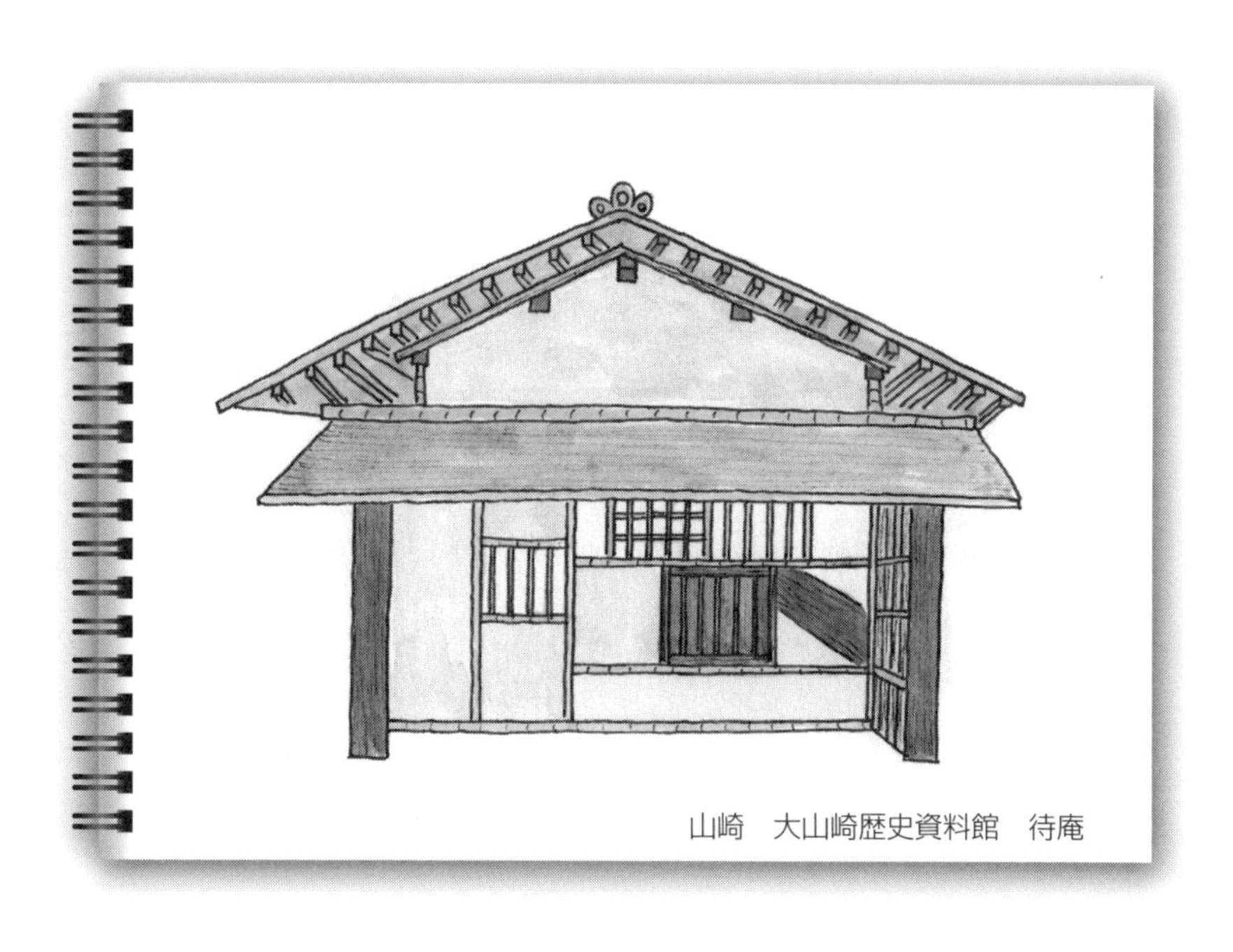
山崎　大山崎歴史資料館　待庵

先せざるを得ないのが歩く旅人のつらいところだ。

住宅街を歩き京都縦貫自動車道の下をくぐると、天王山が見えてきた。もう山崎宿に着いたようだ。山崎では何と言っても天王山での山崎の合戦が有名だ。羽柴秀吉と明智光秀がこの地で戦ったのは約430年前。標高270mほどの山だが、葉桜の向こうにたたずんでいる。秀吉はこの戦いに勝って天下取りへ大きく歩を進めた。私は秀吉がこの山崎まで来た道を反対方向に歩いて行く。しかしこの天王山には登りたかったな。

この山崎をより深く知ろうと思い大山崎歴史資料館に入った。パンフレットによると、この大山崎町は天王山が淀川へ最もせり出した場所を意味するとのことだ。資料館には利休の有名な茶室「待庵」が復元されている。茶室は二畳で、次の間などを入れた全体では四畳半の大きさで、竹を用いた簡素な造りだ。本物はここから近い妙喜庵に現存している。

いつか本物を見たいものだ。

山崎はアサヒビール美術館やサントリーウイスキー館など見所が満載の場所である。サントリーウイスキー館には関西勤務の頃に行ったことがある。もう20年くらい前のことだ。その時は「ウイスキー&ミステリー」というトークショーに参加した。北方謙三氏や逢坂剛氏などの有名作家の話を楽しく聴いた。その作家の方々はウイスキーのブレンドを試みて、誰が一番よくできたかを競った。その時の優勝者が大沢在昌氏だった。その際、私は大沢氏がブレンドしたウイスキーを購入した。それがまだ封を切らずに家にあることを思い出した。そろそろ飲んでみようか。樽から出した後、ビンに移しても多少は熟成されるのだろうか。そんなことはあり得ないだろうな。

2　芥川宿

芥川　芥川橋

芥川

２０１７年４月16日～17日

この日の天気予報は暴風雨。旅を始めてまだ二日目だが、早くも最初の試練が訪れたようだ。不安を感じながら芥川橋を渡った。

山崎宿を後に東海道本線と並行するように歩く。今回の旅では道路地図のコピーを頼りに歩いている。その地図を基に、手の指を製図のデバイダーのようにして間隔を測り、一日の歩く距離を算出している。しかし計測を間違えたのか予定より目的の場所に着くのが遅い。道の途中にある寺社をゆっくり見学することができずひたすら歩いた。この日の宿泊は芥川宿でJR高槻駅付近である。夕方の5時頃になんとか高槻駅に着いた。このあたりは繁華街なので街道筋の雰囲気は感じられない。

翌日は5時半に起床。天気予報では午後から近畿地方は暴風雨とのことだ。そのため7時前にホテルを出発した。確実に悪天候になるので、雨が降り出す前にできるだけ距離を稼いでおきたい。車からの水しぶきを浴びながら歩くのはつらい。芥川の一里塚がある。急いでいても私は街道歩きの旅人だ。立ち止まらないわけにはいかない。説明板によると、12世紀頃、すでに芥川は宿として成立していたが、徳川幕府によって宿場町としての姿を整えたとのこと。さらに歩くと芥川に架かる芥川橋に着く。この橋のあたりが芥川宿の西端のようだ。空模様は怪しい感じになってきた。今日は西宮宿まで約30㎞を歩く予定だ。あまりスケッチなどしないで、急いで歩いた方がよさそうだ。葉桜の見える土手を見ながら橋を渡って行った。

3　郡山宿

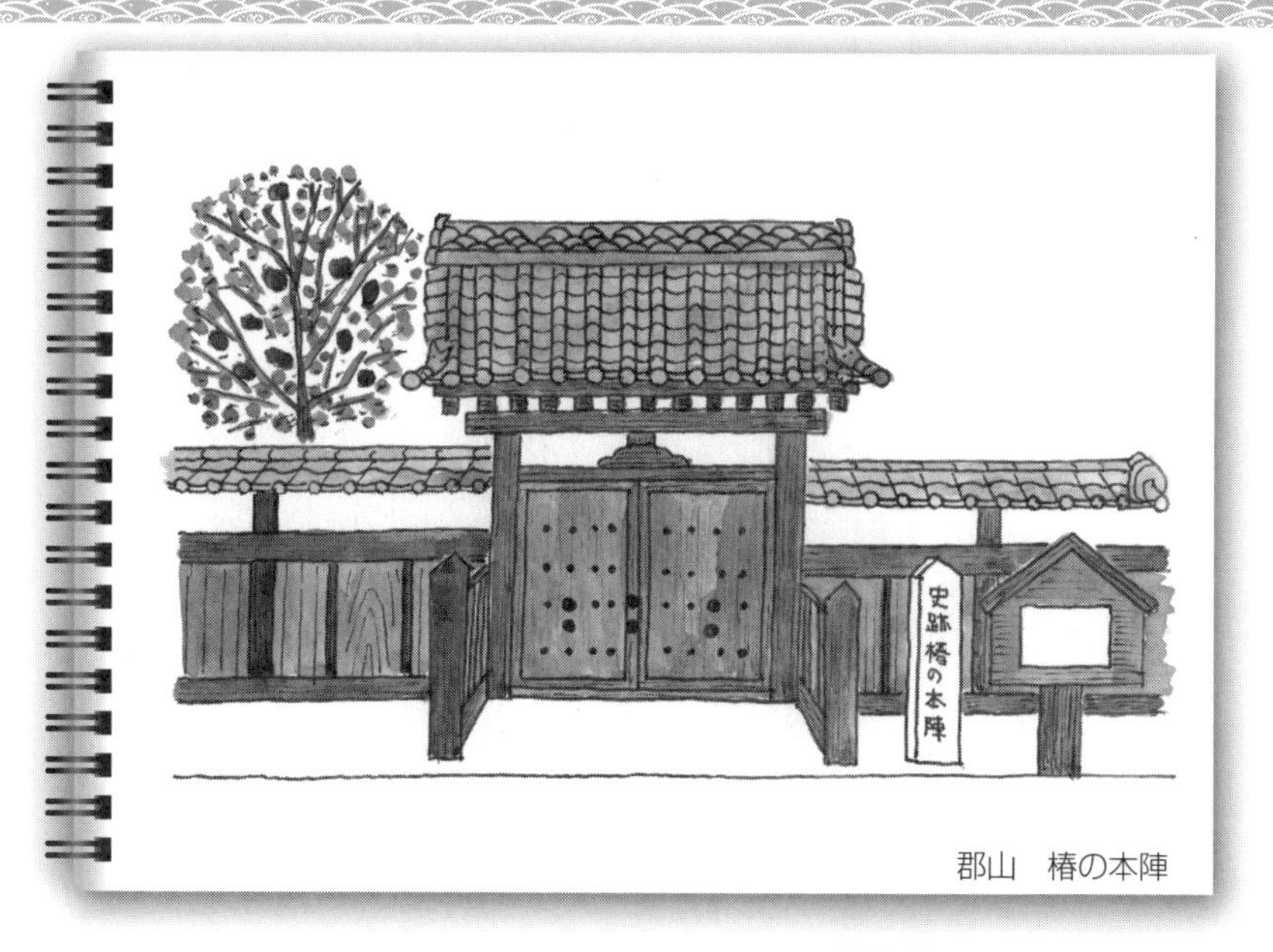

郡山　椿の本陣

郡山

「椿の本陣」は格調の高い門構えだ。赤い椿の花が色を添えていた。

２０１７年４月17日

芥川宿から郡山宿にかけては「いましろ大王の杜」、「太田茶臼山古墳」などの古墳がたくさん点在している。歴史好きの私としては当然寄らなければならない場所だ。街道歩きの旅では、ただ道を歩くだけではもったいない。しかし、今日の午後から天気はかなり荒れるらしい。私は天気が荒れた時の歩き旅の怖さをよく知っている。道を歩いていても、車両からの水しぶきがかかるし、傘で視界が遮られるので、特に歩道のない道は危険なのだ。それに地図で道を確認しにくいので迷いやすい。古墳群には寄らないで先を急ぐことにする。

　郡山宿に着いたのは9時頃でそこには郡山宿本陣があった。いくら急いでいても、本陣を見れば立ち止まらないわけにはいかない。ここは御成門のそばにあった椿が花を咲かせることから「椿の本陣」と呼ばれている。忠臣蔵で有名な浅野内匠頭も宿泊したとのことだ。現在の建物は享保6年（１７２１年）に再建されたもので、昭和23年（１９４８年）に国史跡に指定された。事前に予約をすれば見学ができるらしい。当主の家族が今も暮らしているとのことだ。この日は4月中旬だが、門の中では赤い椿が咲いていた。まさに「椿の本陣」だ。このような歴史のある建物では中の見学をしたいのだが、私の歩く旅では事前に時間を決めて行動するのは難しい。天気はあやしい空模様になってきたが、しばらくの間、格調の高い門を見つめていた。

4　瀬川宿

瀬川　萱野三平邸

瀬川

2017年4月17日

萱野三平邸を前にして、歌舞伎「仮名手本忠臣蔵」の世界を旅している気がしてきた。雨が強く降り出す中、しばらくの間、門の前に立っていた。

郡山宿を出て、怪しい天気の中を歩いて行くと萱野三平宅がある。赤穂藩浅野家家臣で萱野重実の家だ。重実は通称三平と呼ばれている。浅野内匠頭の切腹の後に仇討ちの同志に加わるも、父から他家への仕官を勧められ、同志への忠節と父への孝行の板挟みとなり、同志への約束が果たせないのを苦にして切腹した人物だ。後年の歌舞伎「仮名手本忠臣蔵」では早野勘平のモデルとされている。こちらは内匠頭が刃傷に及んだ時に、不覚にも腰元の小軽と逢引をしていて、それを恥じて切腹しようとするも、小軽の説得で駆け落ちをする。そして山崎にある小軽の実家で暮らしていたが、討ち入りの同志に参加するのに用立てる50両をめぐる誤解の中で切腹する話である。「仮名手本忠臣蔵」の五段目と六段目に当たる歌舞伎の名場面だ。そういえば、以前東海道を歩いた時、戸塚宿で「勘平・お軽　戸塚山中道行の場」の碑があった。そして今回旅では山崎を通り、今は萱野三平の家の前にいる。歌舞伎の世界を私は旅をしている。お軽が隣にいないのが残念だが。

この萱野三平邸を見ている時に雨が降り出した。スケッチを早々に切り上げて先を急ぐことにする。近くには萱野三平の墓があるのだが、寄るのはやめた。阪急箕面線の桜井駅に着いた時に雨が激しくなってきた。駅で雨宿りをしながら昼食のおにぎりを食べる。そして雨は土砂降りになってきた。今日はこれから厳しい旅になりそうだ。

5　昆陽宿

昆陽　甲武橋の下で雨宿り

2017.04.17 13:20 軍行橋より 雨強い。
飛行機がどんどんとびたっていく。途中、
道を間違えて伊丹空港に出ておどろいた。

昆陽（こや）

２０１７年４月17日

暴風雨の中を歩く。甲武橋の下で雨宿りをしながら、横を流れる武庫川の濁流を見ている時は心細かった。

暴風雨の中を歩き続けた。地図を確認する機会がとれなかったためか、道を間違えてしまった。阪急宝塚線の石橋駅を過ぎ、住吉２丁目の交差点で大阪国際空港ターミナル方面に向かってしまったのだ。そのためいきなり空港ターミナルビルが見えた時には驚いた。それから正しい道を探すのに手間取った。道を間違えた場合は、元の道を引き返して確実に正しい地点に戻ることが鉄則だ。私も住吉２丁目の交差点まで戻り、その付近を探して「弁慶の泉」を見つけて地図と照合してようやく西国街道に戻れた。この泉は義経一行が西国街道を落ち延びた際、弁慶がのどの渇きをうるおしたとの伝えがある。私ものどをうるおしたいが、この雨ではザックを開けてペットボトルを取り出すこともできない。さらに歩いて行くと猪名川に架かる軍行橋に着いた。ここからは空港から飛び立つ飛行機がよく見える。猪名川を越えたので、大阪府から兵庫県に入ったことになる。街道沿いにある師直塚を見たかったのだが、雨の中、見つけることができなかった。高(こうの)師直(もろなお)（吉良上野介に見立てた役）は仮名手本忠臣蔵では塩谷判官（浅野内匠頭に見立てた役）の敵役だが、足利尊氏の家臣である。仮名手本忠臣蔵は足利時代に置き換えた演目で、全11段で構成されている。これは寛延元年（１７４８年）に大阪の竹本座で上演された。討ち入りは元禄15年（１７０３年）なので、45年後に上演されたことになる。当時の人達は45年前の衝撃的な事件を改めて思い出したのではないだろうか。私が50年以上も前の東京オリンピックを今も鮮明に覚えているように。でも待てよ。当時は「人間50年」の時代だった。世代も変わっていたと思われる。単にストーリーのおもしろさに熱狂しただけなのかもしれない。山崎宿を出て以来、仮名手本忠臣蔵に関連する場所をたくさん通って来た。この作品が大阪で生まれたことを改めて実感した。

あまりにも激しい風雨に耐え切れず、武庫川に架かる甲武橋の下に入り雨宿りをした。すぐ横を流れる川は茶色の濁流だ。雨は靴の中にまで入り込み、歩いている時はジャボジャボと音がするようだ。それに風が強いので寒い。時計を見ると、もう15時を過ぎてしまっている。暗くなる前に西宮に着かなければならないので、いつまでもこうして休んではいられない。覚悟を決めて再び歩き出した。

実は、今回の旅を始める前はこの甲武橋から2㎞ほど離れた所にある阪神競馬場に寄ろうと考えていた。京都競馬場には何度か行ったことがあるので、阪神競馬場にも一度訪れたかった。この日は月曜日なので競馬を開催していないのだが、外からだけでも施設を見たかった。しかし、この暴風雨でそんな甘い考えは吹き飛ばされてしまった。もう少し腹を据えて旅をしろという天からの戒めを受けたようだ。

6　西宮宿

西宮　西宮神社　神馬舎

西宮

2017年4月17日〜18日

西宮神社の神馬舎の馬は可愛らしい表情をしていた。そして西国街道から山陽道へと旅の舞台は変わった。

雨の中、阪神西宮駅に着いたのは夕方の5時。厳しい風雨の中を何とか歩き終えてほっとした。駅で雨具を脱ぐが、ここまで急いで歩いて来たので、かなり汗をかいていた。宿泊するホテルのある甲子園駅まで電車で移動し、コンビニで夕食を購入してから甲子園球場横のホテルに入る。ホテルの部屋で今日歩いた道を振り返ろうと思い地図を取り出すと、雨で濡れて折り目が擦り切れている。破れなくてよかった。私の歩く旅で一番大切なものは地図だ。お金は何カ所かに分散して持ち歩いているので、落としても全てを一度に失うことは考えにくいが、地図は今回の旅で歩く分だけを1部しか持参していない。私はスマホやデジカメは持たない主義なので、道を確認するには地図だけが頼りである。もし地図をなくしたら、それ以上は旅を継続できないので、その場で来た道を引き返して帰宅する覚悟で歩いている。そのため地図を取り出して確認する場合、絶対に風に飛ばされないように細心の注意を払う。地図を雨で濡らしてはいけないことを実感させられた。

翌日は5時半に起床。天気は晴れだ。靴の中はまだ濡れていて感触が悪い。さらに昨夜ビールを飲み過ぎたせいか体調がよくない。やはり3缶は多すぎたようだ。阪神西宮駅に電車で戻り旅を再開する。そして西国街道は昨日で終わり、今日からは山陽道の旅が新たに始まる。

まずは西宮神社に寄る。ここはえびす宮の総社として知られている。広い敷地内で、拝殿と背後の本殿などは素晴らしい造りの建物だ。本殿は「三連春日造」で国宝だったが、昭和20年の空襲でなくなり、昭和36年に復興したとのことだ。この神社で私が気に入ったのは「神馬舎」だ。かわいらしい表情の馬の置物が顔をのぞかせている。まわりには朝早くから参拝している人がいる。拝殿はもちろんだが、この「神馬舎」を拝んでいく人も多い。昔、十日えびすの前夜にえびす様が市中を乗馬で巡回されるという伝承があり、その神馬の名残を伝えているとのことだ。

神戸に向けて歩き出す。やはり晴れた天気の中を歩くのは心地よい。右手には六甲の山並みが見える。芦屋の高級住宅街を通り、芦屋川に架かる業平橋で松並木を見ながら休憩した。やはり街道には松がよく似合う。このあたりには在原業平の別荘があったらしい。業平と言えば平安時代のプレイボーイとして有名だが素晴らしい歌を残している。「世の中にたえて桜のなかりせば春の心はのどけからまし」などは、私が歩いて来た状況そのものではないか。そしてもうひとつ「ちはやぶる神代もきかず竜田川からくれなゐに水くくるとは」こちらは落語の「千早振る」としても引き継がれているが、業平はあの世で笑っていることだろう。

7　兵庫宿

兵庫　本町公園　桜と藤とミツバチ

兵庫

２０１７年4月18日

ＪＲ線は東海道本線から山陽本線に、新幹線は東海道新幹線から山陽新幹線に名前を変えた。鉄道の主役が交代をしたことを感じさせる兵庫宿だった。

そして、花の主役も桜から藤に交代していく。季節の移ろいを感じながら歩いた。

西国街道・山陽道の旅を計画するに当たり、参考にした文献は『太陽コレクション地図京都・大阪・山陽道』（平凡社）だ。宿場ごとの見どころが紹介されていて、何より街道の地図が記載されているので大いに参考になる。この本の地図通りに歩くことを基本としているが、適当に脇道にそれて歩いている。車道歩きより脇道の方が、その土地に住む人の生活が感じられておもしろいからだ。その車道だが国道2号線を進んで行く。これは大阪市北区から北九州市門司区へ至る一般国道である。その道の多くは旧山陽道を踏襲している。この国道2号線も山陽道歩き旅の主役のひとつになることだろう。

次の兵庫宿はJR神戸駅付近だ。しばらく国道2号線を歩く。灘高校の横を通り、本住吉神社に寄り、阪神本線と並行するように歩き続けて行くと三ノ宮駅に着いた。近くには神戸市役所がある。その展望室に行き、神戸港や海の景色を見たくなった。しかし、市役所に着いたが展望台へ行くエレベーターの場所がわからない。周りを歩く人は皆忙しそうなので、聞きそびれてしまい引き返してきた。そして、ここから神戸駅へ行くアーケードが長かった。この付近からは神戸港も近いので寄りたかったのだが、アーケードを歩き続けているうちに港にいくタイミングを逸してしまった。兵庫宿（神戸駅）には13時半に到着。思い通りに行動できないもどかしさを感じながら駅前のベンチで休憩した。神戸港には無理をすれば行けるのだが、時間的にかなりきつくなるので諦めた。地図を見ると東海道新幹線は山陽新幹線になり、東海道本線は山陽本線に変わっている。着実に歩みを進めていることを感じることができる。

この日の宿泊は須磨海岸にある国民宿舎なので、早く海が見たいと思い歩き出す。本町公園で休憩したが、桜は葉桜の状態でまだ咲いていた。そのすぐ近くでは藤が咲き始めていた。花の主役も交代していく。ミツバチは桜よりも藤の周りに寄ってくるのが多いようだ。時は確実に流れている。今回の旅ではたくさんのきれいな花に出会うことができそうだ。

須磨

須磨　須磨海浜公園からの明石海峡大橋と淡路島

須磨

2017年4月18日～19日

明石海峡と淡路島、明石海峡大橋が見える景色は美しかった。そして一の谷古戦場では源平合戦に想いを馳せた。

須磨海岸に着いたのは夕方の4時頃で、そこには明るい海が広がっていた。ヨットや船がたくさん浮かんでいる。ヨットは自由に走り回っていて、ウインドサーフィンをしている人もいる。そして明石海峡大橋が淡路島に吸い込まれるように架かっているのが印象的だ。ちょうどよい気温なので、砂浜に座り、しばらくのんびりくつろいだ。

この日の宿泊は「国民宿舎シーバル須磨」である。私の部屋は10階の明石海峡大橋が見える部屋で景色がすこぶるよい。大浴場では湯に浸かりながら太陽が沈む景色を見ることができた。そして髭を剃る際にカミソリで顔を切ってしまった。この傷が意外に深くて血が止まらない。食堂で夕食時に傷をハンカチで押さえながらビールを飲んでいると、係の人が絆創膏を持ってきてくれたので、ようやく止血することができた。私は夕食の時にビールを飲みながら一日を振り返るのだが、これで落ち着いて今日の出来事を思い出すことができた。絆創膏のお礼をアンケートに記載しておいたら、後日、支配人からお礼の手紙が届いて恐縮した。

夜になると明石海峡大橋がライトアップされて白く浮かび上がっている。上空も晴れていて星が輝いている。明日の天気も晴れとのことで、早朝の散歩が楽しみだ。明日は明石海峡を見ながらの旅だ。好天の中、青い海がきれいだろうと思いながら寝た。やはり海には晴れが似合う。

翌日、宿を出て最初に一の谷に寄る。源義経の「ひよどり越えの逆落とし」で有名な古戦場だ。確かに海の背後にある山の斜面は急だ。この戦は１１８４年の事で、平家もここから源氏が下ってきて攻撃を仕掛けるとは思いもしなかっただろう。ただ「ひよどり越えの逆落とし」の場所は諸説あるようだ。ここには敦盛塚がある。敦盛は一の谷の戦いにおいて、わずか16歳で命を落とした平家の武将である。討ったのは熊谷直

須磨　一の谷古戦場　敦盛塚

実で歌舞伎の一谷嫩軍記はこのことを題材にした演目だ。山陽道の旅では下関まで行くと、壇ノ浦があるので、この旅では源平合戦に想いを馳せる機会がたくさんありそうだ。地図で見るとこの古戦場の上にある山の一帯は須磨浦公園になっている。ロープウェーやリフトで上がることができるようだ。そこからの展望はすごいだろう。そして大阪湾側に目を向けると、海に突き出るように「海づり公園」がある。須磨は風光明媚な所だった。

この日の天気は快晴で日差しが強烈だった。大阪湾と山陽本線に挟まれるように通る国道2号線を歩いて行く。歩いている人は私だけなので、大声を気兼ねなく出すことができる。淡路島や明石海峡大橋を正面に見て、歌を口ずさみながら歩くと心が解放された感じだ。JR垂水駅でトイレ休憩をする。歩く旅では、トイレを見つけた時に必ず寄ることは鉄則である。南国的な木々の向こうに見える明石海峡大橋はだいぶ大きく見えるようになった。やがて橋の真下まで来ると公園になっているので休憩をする。目の前にある明石海峡は潮の流れが速い。ここは淡路島と本州との間に面しているからだろう。風が非常に強く通り抜けるので寒い。逃げるようにして近くにある「橋の科学館」に入る。そこでは吊り橋の構造などを知ることができた。吊り橋を支えるロープを近くで見ると非常に太い。３Ｄシアターでバーチャル体験など、もう少し時間をかけて過ごしたかったのだが、歩く旅人は一カ所に長居はできない。外に出て再び明石海峡を見る。この速い潮の流れの海を見ていると、ここを泳ぐ鯛は身が引き締まっているのは当然だと思う。今日は「明石の鯛」が食べたくなった。しかし贅沢かなと思いながら明石海峡大橋を後にした。

少し歩くと舞子六神社があるので立ち寄る。社殿で今日の旅の安全を祈願してから境内を見て回るとおもしろい石像がある。赤い布をまとった大黒様が俵に乗っていてかわいらしい。大黒様の横にある目がぱっちりした像もユニークな表情をしている。どうやらこちらは恵比須様のようだ。それにどちらの像も大きいのがいい。本来なら神社に来た場合は建

物に目が向くものだが、私の場合は狛犬や石像を見るのが好きだ。各々で表情が異なるので、見ていて飽きない。

明石宿に向けて歩き出す。明石海峡と対岸の淡路島に加えて明石海峡大橋が見える景色は明るかった。それらを見ながら歩く国道2号線の旅は印象に残り、これから見る瀬戸内海が楽しみになった。

8　明石宿

明石　明石海峡と淡路島

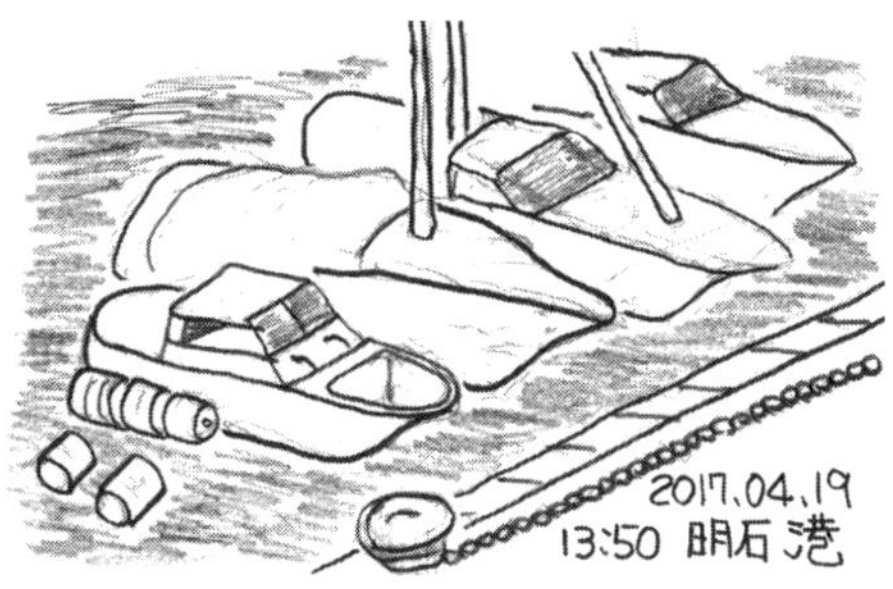

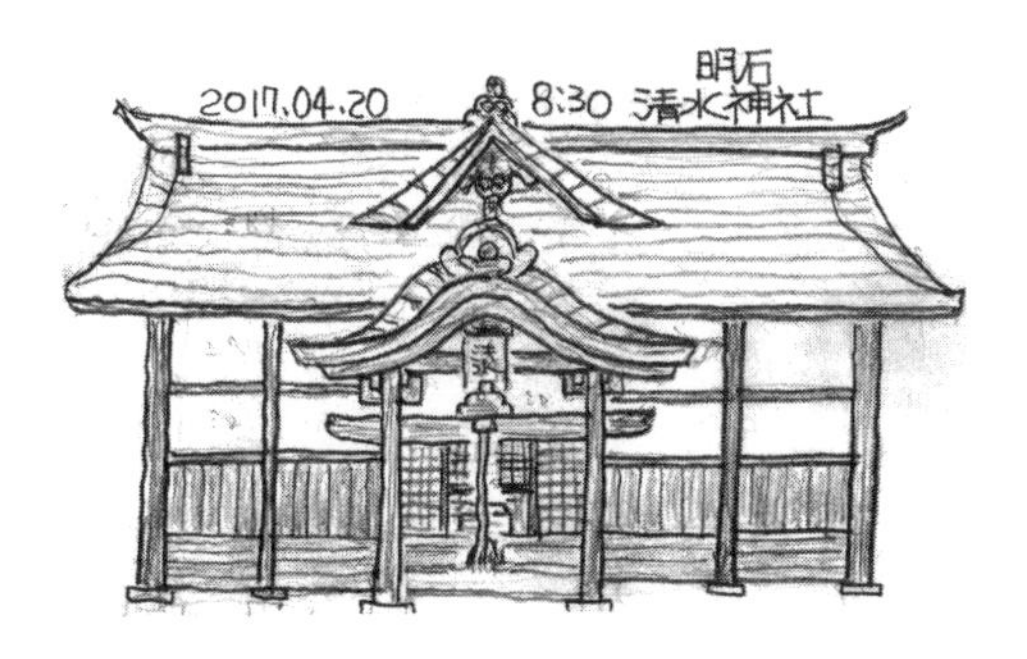

明石

２０１７年４月19日～20日

ここは東経１３５度の街。それを表現したマンホールがおもしろい。日本列島の絵柄に「日本縦断徒歩の旅」へのエールを感じた。

明石港付近で明石海峡と淡路島、明石海峡大橋も見納めになると思い、名残惜しむようにしばらく見ていた。青い海に明石海峡を行き交う船も相まって本当にきれいな景色だ。港にはヨットが停泊していて明るい雰囲気に満ちている。少し行くとJR明石駅がある。明石宿はこの付近だが、開発されているので昔の街道筋の雰囲気は感じられない。海沿いの日差しを遮るものがない道を歩いてきたせいか、日焼けして肌がほてり暑い。西明石駅に入り構内で涼むことにした。この駅は情報通信関係の機構に勤務していた時に何度か来たことがあり、懐かしかった。

この日の宿泊は大久保駅近くのホテルである。西明石駅を出発してから国道2号線をひたすら歩いて大久保駅に着いた。今回の旅を終えてから知ったのだが、途中から旧街道に入り損ねてしまったようだ。そのため大久保本陣跡がある街並みを見ることができなかったのは残念だった。

翌朝起きると体調がよくない。昨日、海沿いの風の強い中を歩いたせいか、風邪をひいたようで頭痛がする。でも出発しなければならないのが旅人のつらいところだ。しばらくは車の往来が少ない街道筋らしい雰囲気の道を歩く。通学路なので、小学生達と共に歩いて行くので賑やかだ。このあたりはため池がたくさんあり水田が多い。そのため景色も変化にとんでいて、古い建物も多いので楽しい。そんな中、清水神社があるので境内に入ると小学生達の声も途絶えて静かになる。今日の安全を祈願して、しばらくの間バードウォッチングをして過ごした。体調がよくないのが気掛かりだ。

今朝から歩き始めて一番おもしろいと思ったのがマンホールだ。「しごせんのまち135°E」の文字や明石天文科学館と日本列島が描かれているのはいかにも明石らしい絵柄だ。そうなのだ。ここは日本標準時の街なのだ。マンホールの絵柄にはその地域の特徴を簡潔に表現しているものが多い。このマンホールはその代表例だろう。私は建築設備設計の仕事をしているので、どうしてもマンホールには興味を持ってしまう。それに山陽道の旅と同時に日本縦断徒歩の旅をしている。このマンホールに描かれた日本列島を見て、「絶対に日本縦断を歩き通せ」との応援を感じた。午前9時になり小学生達はもう歩いていない。私は道の真ん中でこのマンホールを見続けた。

9　加古川宿

加古川　加古川

加古川

加古川のほとりで、色とりどりの貨物列車の通過を眺めていた。あの貨物はどこに行くのかと思いながら。

２０１７年４月20日

加古川宿への道ではバードウォッチングや道端の草花を見ながら歩いた。やはり風邪なのだろう。体調不良のため、あまり速く歩くことができない。何より腹の調子がよくない。体の調子が悪いと心に余裕がなくなる。そのため歩いていても心から楽しめない。車の往来が少ない道を歩いてきたが、ＪＲ土山駅付近で何故か道に迷う。集中力も失われているようだ。そのため山陽道からは外れるが、分かりやすい道を歩こうと思い国道2号線に出ることにする。やはり車道歩きは単調でつまらない。しかし体力気力共に弱っているので、寺社等に寄る気がしない。東加古川駅でトイレに寄った。この時は正直助かった。歩く旅をしていて、どこにトイレがあるかを把握しておくことは重要だ。トイレはＪＲの駅はたいてい駅の構外にあるが、私鉄は構内にあることが多い。

ＪＲ加古川駅を過ぎると加古川に架かる加古川橋が見えてくる。加古川は地名だと思っていたが、実際に同じ名前の川があった。川幅が広い。それもそのはずで、川はこの橋から約４㎞下流で播磨灘に注いでいる。景色もよいので川の土手で昼食とした。近くに山陽本線の鉄橋があり、貨物列車が通過して行った。貨物列車は長くて各車両の色も様々で見ていて面白い。この貨物車に乗って旅をしたら楽しいだろうなと思った。背後の山々もきれいだ。川の水量も多くて素敵な景色だった。おにぎりを食べたら少し体力気力共に回復してきたようだ。

10 御着宿

御着　一里塚付近

御着

２０１７年４月20日

御着宿は旧家が残り、昔の街道筋の雰囲気を味わえた。一里塚跡付近で白いハナミズキを見ながら休憩する。いい季節を歩いている幸せを感じた。

加古川橋を渡り御着宿を目指す。国道2号線を歩いて行き、途中から国道に並行している脇道に入った。どうやらこちらの道が本来の山陽道のようだ。古い民家が多く、昔の街道筋の雰囲気が感じられる。もう少し早くこの旧道に気づくべきだったと反省する。引き返して歩き直したかったのだが、時間が遅くなるのでそれはできない。このような街並みを見たくて歩く旅をしているのに実に情けない。西洋に「幸運の女神は前髪しかない」とのことわざがあるが、歩く旅では一度通り過ぎた道を引き返すのは難しい。国道からは旧道につながる枝道がいくつか出ていたのだが、無難な道を歩き続けてしまった。遅ればせながらこのすばらしい街並みをスケッチしたくなり手帳を取り出したが、朝からの体調不良で気力がまったくわかない。建物を描くのには細部まで観察しなければならないのでエネルギーが必要だ。それに道が狭くて対象の建物が手帳に納まりきれない。これらを言い訳にして先を歩むことにする。

ＪＲ御着駅を過ぎて山陽本線を横断すると一里塚跡がある。このあたりの街並みもまたよかった。そして白のハナミズキが咲き出している。ハナミズキの下には名前はわからないが、ピンク色の花が咲いている。4月下旬の今の季節は花がきれいだ。街並みに花が加わったことで、街道歩きの旅は益々楽しくなる。しばらく休憩をして体力を回復する。さて次は姫路宿だ。改修工事を終えてきれいになった姫路城が待っているはずだ。

11 姫路宿

姫路　姫路城

姫路

2017年4月20日～21日

姫路城の美しさは日本一。改修工事を経た天守閣は屋根の白さが際立ち、白鷺城との呼び名がいかにもふさわしい。

市川に架かる市川橋を渡り、ＪＲ播但線を横切ると姫路宿だ。姫路宿では何といっても姫路城である。いくら体調不良で疲れていても、この城はスケッチしなければならない。私は今、山陽道の旅のハイライトのひとつを見ているのだ。城に近づき過ぎると手帳に入りきらなくなる。大天守の両側に小天守が感じよく見える所で立ち止まり描き始めた。道路の歩道なので、通り過ぎる人の視線が少々気になる。姫路城は大天守と東・西・乾の３つの小天守が渡櫓で連結された連立天守が特徴だ。そのため外観が複雑で描くのは大変だった。大天守は慶長14年（１６０９年）に建築されたもので、４００年以上が経過している。関西に在住の頃に何度も見た城だが、城郭や石垣、天守閣などの大きさや美しさで日本一の城だと思う。最近の改修工事が完了後、初めて見たが、確かに屋根の瓦は以前よりも白く見える。全体的に真っ白になった感じだ。別名が白鷺城だが、上手い名前をつけたものだ。大天守の左右に小天守が見える景色が、シラサギが羽を広げたように見えたのだろうと想像した。この城は美しいだけでなく実戦的な城でもある。天守閣に着くまでには、塀や石垣に囲まれた曲がりくねった通路を上がって行くが、塀には鉄砲を撃つための狭間（小窓）が開いているので狙い撃ちされてしまう。ところでこの狭間だが丸や四角、三角などの形がある。実戦だけを考えるなら丸か四角でよいはずだが、三角は何故あるのだろう。恐らく美意識から来ているのだろう。天守が目立つ姫路城だが、私は石垣もそれに劣らず立派だと思っている。石垣だけを取り上げても、美しさや規模の大きさで、全国的にも屈指のものだ。素晴らしい建物と石垣の両方が残っているのが姫路城なのだ。

太平洋戦争で日本の多くの城は焼け落ちた。この姫路城天守閣にも爆弾が落ちたが、運よく不発弾だった。そのために火災を免れ、今日美しい姿を見ることができる。

城の周りにはさすがに観光客が多い。私もその一人になって、しばらくの間見ていた。もう夕方なので寒くなってきた。私は夕食のカレーライスと缶ビールにおつまみを購入して、ホテルへと向かった。

翌日は国道2号線に並行する旧道を歩いて行った。歩いた街並みには古い民家が多く、江戸時代の街道筋の雰囲気が十分に感じられた。通学中の小学生達は私に挨拶をして通っていくので私の心も明るくなる。咲き始めたツツジを見ながら夢前川を渡る。その河原ではツバメが飛んでいて、菜の花の黄色が鮮かだ。まさに春の盛りといった感じである。姫路の街は城以外にも、歩けば楽しめる場所が多いようだ。昨日までの体調不良は吹き飛んでいる。

12 鵤宿

鵤　斑鳩寺

鵤

２０１７年４月21日

聖徳太子にゆかりの斑鳩寺に寄った。仁王門の屋根には鬼瓦がたくさん付いていて、その表情がおもしい。八角形の聖徳殿後殿を見て、法隆寺の夢殿を思い出しながら眺めていた。

鵤（いかるが）宿はその名前からも想像できるが、聖徳太子に関係が深い所だ。またここの町名は太子町である。あまり昔の街道筋の雰囲気は感じられないが、ここには斑鳩寺がある。推古天皇14年（606年）に聖徳太子が推古天皇から土地を賜り、大和国斑鳩宮から移住して当地を斑鳩荘（鵤荘）と命名して伽藍を建立した。境内に入ると歴史を感じる建物が多い。三重塔、講堂、聖徳殿前殿、聖徳殿後殿などがある。三重塔は争乱で焼失した後、永禄8年（1565年）に再建されたもので、この寺のシンボルのように見受けられた。聖徳殿後殿の八角形の建物はきれいな姿をしている。それらの中で一番おもしろいと思ったのが仁王門だ。特に屋根には鬼瓦がたくさん付いていていてユニークだ。大きくて個性的な門で、昔は大寺院だったことが想像できる。

斑鳩寺の名前から奈良の法隆寺を思い出す。法隆寺の別名は斑鳩寺だった。この寺と同じ名前だ。関西に勤務していた頃、法隆寺には何回か通った。建物群もすごいが、展示されている仏像もすごかった。私のお気に入りは百済観音だった。細身、長身の実に個性的な像で他の仏像とは姿かたちが違っていた。それらを見てから夢殿のある東院伽藍に行くのがいつものパターンだった。その夢殿は八角円堂の造りで、ここの聖徳殿後殿も八角形の建物だ。夢殿を意識して聖徳殿後殿を造ったのかなと考えながら眺めていた。

13 正条宿

正条　揖保川

正条

２０１７年４月21日

揖保川を渡り、竜野駅の横を通る時、以前「本竜野」を旅した時を思い出した。そこは映画「男はつらいよ 寅次郎夕焼け小焼け」の舞台になった場所だ。ここから揖保川を上流側に１時間くらい歩けば着くのだが、先を急ぐ旅なので、それはできない。私は映画の主人公寅さんになった気分で、童謡「赤とんぼ」を口ずさみながら通り過ぎて行った。

国道2号線を歩いて、揖保川に架かる揖保川大橋を渡ると正条宿だ。揖保川大橋からは手前に山陽本線、奥に山陽新幹線の鉄橋が見える。山陽本線を貨物列車が通過して行く。貨物列車を見ると旅心がうずく。そう言えば加古川のほとりで休憩していた時も同じことを思った。この列車はどの路線を通ってどこまで行くのだろう。こっそり貨車に乗って旅をしたらおもしろそうだなどと、とんでもないことを考えてしまう。

正条宿は竜野駅付近だが、昔の街道の面影はほとんどない。実は竜野と聞いて楽しみにしていた。本竜野には二度訪れたことがある。姫路駅から姫新線で本竜野駅で降りてあちこち見学をした。そこは童謡「赤とんぼ」の作詞で有名な詩人の三木露風の出身地だ。「童謡の小道」を歩いて歌碑の前に立つと童謡のメロディーが流れてきて楽しかった思い出がある。詩情の溢れるいい街だった。そして映画「男はつらいよ 寅次郎夕焼け小焼け」の舞台にもなった。寅さん役の渥美清、日本画家「池ノ内青観」役の宇野重吉、竜野芸者「ぼたん」役の大地喜和子、さらに岡田嘉子らが出演していた。寅さん映画の中でも最高傑作と言われている。その俳優達も鬼籍に入った。時間は確実に流れていることを意識した。こんなことを思うのも、昔の時代を少しでも体験したくて街道歩きをしているせいかもしれない。本竜野には先ほど渡った揖保川を5㎞ほど上流側に歩けば着くことができる。当初の計画では訪れて今日の宿泊をしようと考えた。しかし、街道歩きの旅では寄り道をしだすときりがないので断念した。

私は「赤とんぼ」を口ずさみながら歩いた。

「夕焼け小焼けの　赤とんぼ　負われて見たのは　いつの日か」

ゆるくおだやかな曲のせいか、私もゆっくりとした足取りで、本竜野で見た揖保川沿いの景色を思い出しながら正条宿を通り過ぎた。そして考えた。私の世代は子供の頃の歌といえば「赤とんぼ」、「春が来た」、「鯉のぼり」などの童謡を思い浮かべるが、今の子供たちは大人になった時、どういう歌を思い出すのだろうか。「アンパンマン」などだろうか。時の流れでそれでもいい気もするが、「赤とんぼ」はいつまでも歌いつがれてほしい。

14 片島宿

片島　西池

片島

２０１７年４月21日

田んぼではレンゲがピンク色の花を咲かせてきれいだった。その景色を見ながら思った。間もなくこの田んぼには水が張られて小さな苗が植えられる。それが育って黄緑色になり、秋には黄金色の稲穂に育つ。その横にある畦道にはヒガンバナが咲いていることだろう。やがて稲穂は刈り取られて、稲束となり干される。そして冬を越して春になり、田んぼには再びレンゲの花が咲く。そのどれもが日本の原風景なのだ。

正条宿を出てから次の片島宿へと歩き始めたが、その距離は1・5㎞くらいしかないので、あっという間に着いてしまった。こんなに近くに宿場が必要かと思うが、正条宿近くには揖保川があるので、渡れなかった場合に備えてのことだろう。でも国道2号線を離れて歩くので、そこには昔の街道筋らしい雰囲気があり、古い民家も残っていた。ただ小さい集落なので、先を急いで歩いているうちに宿場の雰囲気は終わってしまい、スケッチをする機会を逸してしまった。一つの宿場内で最低1枚は描きたいのだが、なかなか思うようにはいかない。

西池という大きな池の横に来た。この日は4月の下旬だが、田んぼにはレンゲがピンク色の花を咲かせている。そして稲穂が刈り取られた跡にはカラスが1羽止まっている。このレンゲだが、田んぼを管理している農家が前年の秋に種子をまいておき、春になると花が咲く。これは土を肥やす効果がある。これも田んぼが生み出す日本の原風景だ。私は田んぼを見るのが好きだ。田植え直後に水が張られた中の小さな苗。それが育っていき黄緑色になり、秋には黄金色になる。その頃、畦道にはヒガンバナの赤色と黄金色の稲、畦道に生えた草の黄緑色の対比が鮮やかだ。刈り入れ後の稲束を干している景色もいい。そして冬が過ぎて春になり、このレンゲが再び目を楽しませてくれる。この安定したサイクルが日本の原風景なのだろう。

相生

相生　夜明け前の月と金星

2017.04.23 5:30AM
山の間から 太陽が出てきた。
ホテルの窓より。

2017.04.23
8:00
播州赤穂駅で
電車の出発を待ている。ここは義士のまちである。

相生

ホテルの部屋から見た、オレンジ色に染まる山の稜線と、群青色の空に浮かぶ月と金星は、忘れられない美しさだった。

２０１７年４月21日～23日

片島宿の次は有年(うね)宿だ。山陽道はその途中で相生駅前を通る。本来なら宿場でもない相生は取り上げない。しかしこの付近には宿泊できる所が少なく、相生駅前のホテルに2泊するスケジュールを組んだ。すなわち、今日は有年駅まで歩き、山陽本線で相生駅まで戻る。翌日に再び電車で有年駅に行き、有年宿、三石宿を通って備前片上駅まで歩いて、今度は赤穂線で相生駅まで戻る。その次の日は備前片上駅から岡山宿まで歩く計画だ。そのためにこの道中記では前後の宿場との日付にずれが生じている。

相生を取り上げたのは、ホテルの窓から見た素晴らしい景色が印象に残っているからだ。宿泊して2日目の朝4時50分に起きて外を見ると、山の稜線がオレンジ色に染まり、群青色の空には月と金星が輝いていた。やがて空は明るくなってきて、40分くらい後にその山の稜線から太陽が昇って来た。この赤味を帯びた光は私の部屋も照らし、感動的な美しさとなった。登山をした時に見ることがあるモルゲンロートと同じ現象である。

ホテルを出発して相生駅から赤穂線に乗り播州赤穂駅で乗り換える。ここには赤穂城跡や大石神社など忠臣蔵の義士を偲ぶ施設や寺社がある。電車の出発を待っていた時、赤穂義士のキャラクターを見ながら思った。浅野内匠頭の刃傷事件で、使者を乗せた早飛脚は5日間でここまで来た。その使者は萱野三平だった。瀬川宿では萱野三平の家の前を通って来た。不思議なつながりを感じる。そして私は江戸日本橋を出発してから中山道を経由して、40日間以上をかけてここまで来た。宿泊先では毎日ビールを飲みながら旅を続けている。当時の萱野三平ほど緊急性はないとはいえ、8倍以上の時間をかけている。仕事を離れてまでして真剣な気持ちで始めた旅だが、私の旅は単なる道楽のように思えてきた。

15 有年宿

有年　民家

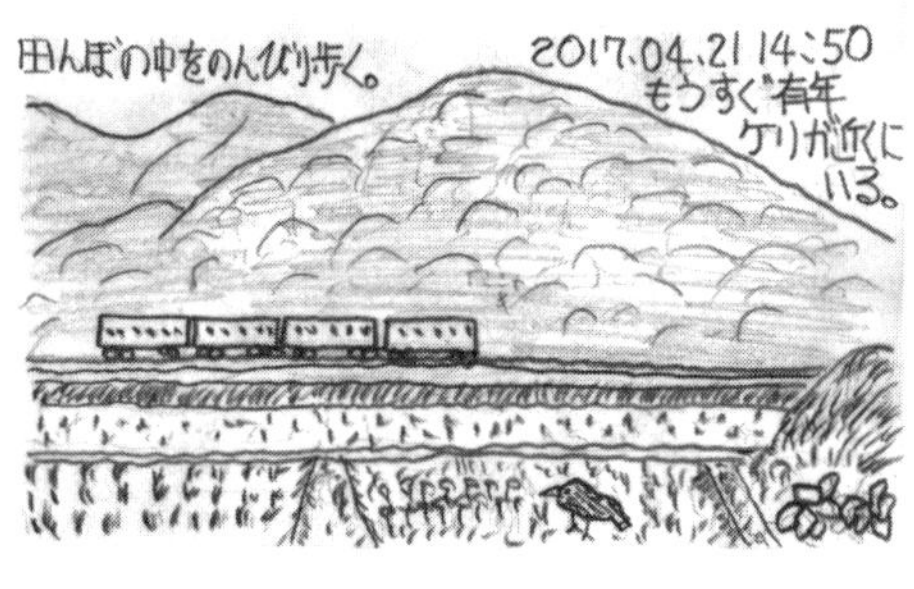

田んぼの中をのんびり歩く。
2017.04.21 14:50
もうすぐ有年
ケリが近くにいる。

ツバメが行きかう。
2017.04.22 7:55 はれ（有年橋より）。下は千種川。
有年は山合の街だ。チュウサギを発見。

有年

２０１７年４月21日～22日

有年宿はいかにも昔の街道筋の雰囲気がただよっていた。それにしても有年峠で道に迷って引き返したのは残念だった。

相生駅前を通り過ぎ新幹線、ＪＲ赤穂線と山陽本線、山陽自動車道が通る高架をくぐり、国道2号線の坂道を登って行く。国道の左側は田んぼなので、途中からそちらの道を歩こうと思い下りて行った。田んぼの奥には山陽本線の黄色い電車が走り、近くにはケリ（鳥）を見ながら歩いた。しかし、その道が終わると再び国道2号線に戻って有年駅へ向け歩き出す。福井の交差点辺りから道は狭くなり、路側帯の幅もほとんどない状態になった。とても人が歩くことを前提にした道路とは思えない。しかも通る車両は大型車が多くて、スピードを落とさないで、私をかすめるように横を通り過ぎて行く。非常に怖かった。今までにいろいろな道を歩いて来たが、この時が一番怖かった。この日は晴れていたからよかったが、雨の時は傘がさせないのではないだろうか。それでもなんとか15時半頃に有年駅に到着することができた。相生方面の電車は出発した直後で、反対方面を見ると電車の行先表示は三原となっている。三原と言えば広島県だ。ずいぶん遠くまで歩いて来た。

山陽本線で相生駅に戻り、駅前のホテルに着いたのは16時半。夕食付のプランで予約したので、風呂に入った後にゆっくりビールを飲み、夕食を食べながら姫路宿からの今日の旅を振り返るのは実に楽しい。でも有年駅近くを歩いている時の恐怖心は、一生忘れないような気がする。

翌日は5時半に起床。熟睡できたので爽快だ。7時前にホテルを出発。今日もここに宿泊するので、ホテルに荷物を一部置いて来たので楽だ。相生駅から山陽本線で有年駅に向かう。有年駅を出発して国道2号線を歩き出すと、すぐに千種川に架かる有年橋を渡る。このあたりから山合の街に入っていく感じがしてきた。そして国道を離れて旧道に入るといい街並みが残っている。街道筋の雰囲気が残る古い民家も多い。途中に

有年　石仏

石仏があり、赤い帽子を被っていてかわいらしい。近くには「有年門」と書かれた立派な門がある。これを見ただけでこの道は昔街道だったと実感できる。そして大避神社で休憩する。有年宿はいい街並みだったと思いながらくつろいだ。しかしこの後に、私にとって山陽道歩き旅最初の挫折が待っていた。

当初の予定では国道2号線を歩いて有年峠を迂回する予定だったが、天気がよくて荷物が軽いので有年峠越えの道を行くことにした。坂折池までは問題はなかったのだが、池の周りを半周くらいして、峠に行く道らしき感じの斜面を登って行った。そのうち、道は次第にヤブ漕ぎ状態となり、それでもなんとか山の稜線上に出たが、道は完全になくなってしまった。これ以上進むのは無理なので有年峠越えは諦めた。来た道を引き返しながらもやはり未練が残る。途中で歩けそうな斜面を見かけては登り、また引き返しては再び登ることを数回にわたり繰り返し

2017.04.22 9:45 坂折池のほとり。
山道を行くことにする。予定のルートでないので少し不安あり。

たが無駄な抵抗であった。そのために1時間以上ロスしてしまった。この日は暑かったこともあり、汗だくになって坂折池まで下りて来た。何か釈然としない気持ちを引きずって国道2号線へと向かって行った。道路地図に記載されていない道を歩く時はリスクがあることを学んだ。

私は山陽道を忠実に歩くことにはあまりこだわらない。車道歩きよりは路地道の方が面白いので、街道からわざと離れることはよくある。でも峠越えの車が通らない道は楽しいので、有年峠越えは是非歩きたい道だった。でも挑戦したのだから負けても潔く諦めよう。順調に行かなかったことの方が後の記憶には残るものだから。

後日談となるが、その後、山陽道を歩き続けて何回も道に迷ったし、工事で通れなくて大きく迂回させられたこともあった。予定外のことに対応するのも旅の醍醐味だ。仕事も同様だが、予期しないことに出会った時、その瞬間の対応力にその人なりの実力が現れると思っている。でもこれは有年峠を越えられなかった言い訳にすぎないか。

船坂峠

船坂峠　兵庫と岡山の県境

2017.04.22
11:40
三石に向っている。
案内が少ない中、
このような
案内板を見る
とほっとする。

西国街道
三石
西国街道
三石
有年

ここまで来るのに
坂折池付近
で道に迷って
1時間近く
ロスしてしま
った。

船坂峠

2017年4月22日

峠で見た県境碑は貫禄十分だった。これより岡山県に入る。新緑のエネルギーを体に取り込んで峠を下った。

結局、有年峠を越えることはできず、国道2号線の坂道を上がっていくと「鯰峠」との案内表示がある。おもしろい名前である。有年峠を迂回したからこそこの鯰峠を知ることができたのだ。鯰峠を越えて八幡神社に着いたのは11時半。ここには大きなムクノキがあり、それを見ながら休憩する。有年峠越えに挑戦して敗れたので気分はいまいちだ。本来ならここで昼食をとる時間なのだが、予定より1時間くらい遅れているのが気掛かりなので直ぐに出発することにした。歩く旅はもう少し心にゆとりを持たないといけないのだが。

国道2号線と並行して通る旧道を歩いて行く。この山陽道の旅ではガイドブックを所持していないのと、東海道や中山道などのように案内標識が多くないので道を間違えることが多い。そんな中、船坂峠に向けて歩いていると、「有年」と「三石」が書かれた案内表示を見かけた。有年峠で道を間違えて少しあせりの気持ちがある中、このような表示を見かけると歩いている道が正しいことが確認できてほっとする。案内表示には山陽道ではなく西国街道と書かれている。表示を立ててくれた地元の方々の親切に感謝する。また「西国街道」と「山陽道」の使い分けもあまりこだわらなくてもよいのかも知れないと思った。

山陽本線を横断して船坂峠への道を登って行く。この道は車両の通行がないので安心して歩ける。30分ほど歩くと船坂峠に着いた。ここが兵庫県と岡山県の県境だ。古めかしい境界表示がある。これより岡山県の備前市に入る。正午を過ぎていたので、ここで昼食とした。周りの木々は黄緑色の葉を付けていて、道端は苔むしたいい雰囲気の峠だ。木陰があるので涼しみながら休憩できた。新緑の季節が私の体に染み入る感じだ。

地図を見ると、この峠の下を山陽本線や国道2号線のトンネルが通っている。昔の街道にはトンネルなどあるわけがないので、このように峠道を歩いて越えなければならなかった。私は「日本縦断徒歩の旅」も兼ねて昔の街道を歩いている。最短距離で歩くなら国道2号線のトンネル内を歩けばよいのだが、街道歩き旅ではそれはできない。峠越えの道は街道歩きの醍醐味のひとつである。それにトンネルの中を歩くのは怖そうだ。

昼食のおにぎりは旨かった。有年峠で道に迷った時間を取り戻すべく、速足で峠を下って行った。

16 三石宿

三石　一里塚跡（駅前）

三石

２０１７年４月22日

時間の遅れを取り戻すべく、急いで三石宿に着いた。駅前の一里塚跡がある花壇を見た時、花のきれいな季節を歩く幸せを感じた。この時に思った。一年の中でも一番いい時を歩いているのだ。ゆっくり歩いて行こうと。

船坂峠から道を下ってきて、13時に三石駅へ着いた。駅前には一里塚跡の碑がある。そこは花壇になっていてチューリップなど黄色と紫色をした花々が植えられている。4月下旬のこの時期は花々がきれいな時期だ。それに昼間の時間が長くなってきたので、旅をするには一年中でも一番いい季節ではないだろうか。かなりの速足で歩いて来たが、もう少しゆっくり歩けと花が私に言っているようだ。時間はたっぷりとあるのだから。

三石は耐火レンガで有名である。耐火レンガで思い出すのは、私が大学を卒業して、建築設備会社に就職して現場監督をしていた時のことだ。当時の大きな建物では暖房の熱源設備に蒸気ボイラーを使っていた。そのボイラーの改修工事をすることになり、内部の耐火レンガを新しいものに交換した。その際、建物を管理している一級ボイラー技士の方から、取り出した耐火レンガを分けてほしいと頼まれた。自宅の庭に敷き詰めたいとのことだ。長年にわたり管理してきたボイラーの耐火レンガに愛着があるのだろう。丁寧に取り出して引き渡した。40年前のことである。今ではレンガには苔が付着して、いい庭になっていることだろう。

山陽本線の高架下を通り、国道2号線に合流した。この日は日差しが強くて暑く、日陰がない車道歩きはつらかった。四軒屋という所で国道と並行する旧道に入る。やっと街道らしい道を歩けると思いほっとした。

17 片上宿

片上　玉泉酒造店

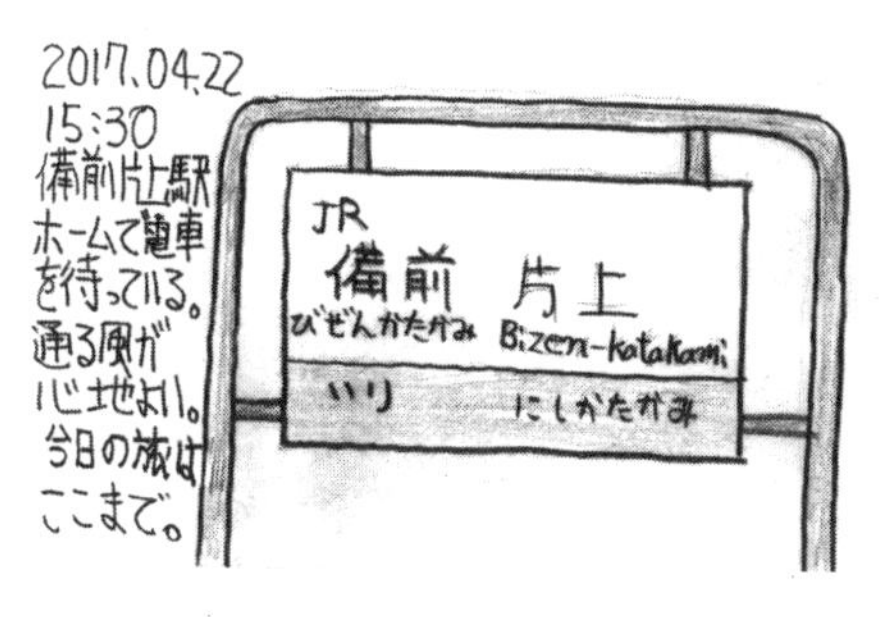

片上

昔の街道筋の雰囲気が漂う街並みを歩いて行くと、遠くに真光寺の三重塔が木々に優しくつつまれているのが見えた。

２０１７年４月22日～23日

国道2号線から右側の旧道に入り、閑谷学校への分岐道を過ぎて、備前片上駅に着いたのは15時を少し過ぎた頃だった。思ったより早く着いた。三石宿からここまでの距離の算定を間違えたようだ。今日の旅はここまでだが、有年峠で道に迷ったことで、歩くペースがつかめない一日だった。そして強い日差しの中、舗装が蓄熱された暑い車道を歩いたのでかなり疲れた。駅のベンチで涼みながら、JR赤穂線の電車を待っていた。

翌日は備前片上駅を8時半頃に出発。歩き始めるとすぐに玉泉酒造店というい い感じの建物を見つける。2階部分は漆喰の白壁で、1階部分は杉の焼き板張りの外装だ。その板が所々はがれていて、下地の土壁の黄色い色が見えるのがいい。こげ茶色の中にランダムに黄色が配置されている感じで美しい建物だ。この玉泉酒造店から始まる片上宿の街は古い建物が残っていて昔の街道筋の匂いがする。この街並みを通り過ぎ西片上駅を右手に見て歩いて行くと、真光寺の仁王門がある。ここからは山の中に三重塔が見える。上部だけが見えているのだが、木々に優しく包まれている姿がいい。三重塔まではかなり距離がありそうなので、双眼鏡で眺めるだけにして先を急ぐことにする。ここから山陽道は山の中に入って行くが、静かな雰囲気の気持ちがいい道だった。何よりも涼しいのがありがたい。この山道を越えると備前焼で有名な伊部の街が待っている。

伊部

伊部　備前焼工房

伊部

２０１７年４月22日

伊部は備前焼の本場。街の通りにはギャラリーが並び、そこに展示された作品には、茶褐色をした土の温かさが感じられた。そしてレンガでできた煙突を持つ工房がたくさんある。ここには陶芸家が何人も居て暮らしているのだろう。伊部の街並みの風景は素晴らしかった。

山道を降りてくると国道2号線の片山トンネル出口が見えてくる。もし国道2号線を歩いてこのトンネルを通ったらどうだったのかと思い、出口付近をのぞいてみた。オレンジ色の照明はあるが、内部は薄暗くて怖い感じがする。それに大型車がスピードを出して通過しているので、騒音はすごいし寒そうだ。

国道2号線を横断して伊部の街に入る。「いんべ」と読む。ここの街並みは素晴らしかった。この伊部は備前焼の本場で、街にはたくさんの窯元やギャラリーがある。そしてレンガでできた煙突がたくさん立っている。私はこの煙突のある景色が好きだ。工場や銭湯、酒蔵などでは煙突をよく見かけるが、煙突以外でもその周りには趣のある建物があることが多い。俗に言う絵になる風景なのだ。伊部は山陽道の宿場町ではないので、この街に出会ったことは、山陽道から素敵なプレゼントをもらった気分になった。

店に展示してある備前焼を眺めながら歩いて行く。備前焼は土の感じがよく出ていて温かみのある陶器だ。備前焼について調べてみた。伊部焼きとも言うが、ここでは田んぼ底から掘り起こした土と、山土、黒土を混ぜた鉄分を多く含む土を焼くことで茶褐色の地肌が現れるとのことだ。土を出土する場所により成分は異なり、その土は何年も寝かせておくとのこと。備前焼は日本六古窯のひとつで、他には越前焼（福井県越前市）、瀬戸焼（愛知県瀬戸市）、常滑焼（愛知県常滑市）、信楽焼（滋賀県甲賀市）、丹波立坑焼（兵庫県篠山市）がある。

ここには美術館もあり、この伊部の街だけを見に来ても面白そうな場所だ。旅の途中に通り過ぎるだけではもったいない。ＪＲ赤穂線の伊部駅が近くにあるので、機会があれば再び訪れたい。

伊部の街を後にして歩いて行くと大ヶ池が左手側に見えてくる。その池の中を山陽新幹線が通っている。

新幹線もすごい所を通すものだ。これからも続く山陽道の旅では、この山陽新幹線に何回も乗ることになる。車窓からこの池を見る機会もあり、そのたびにこの伊部の素晴らしい街並みを思い出すことだろう。

18 藤井宿

藤井

2017年4月23日

吉井川は大きかった。土手道の草に覆われた斜面に寝ころび、おにぎりを食べながら、ぼんやりと川の流れを見ていた。

大ヶ池の横を通ってからJR赤穂線の香登駅近くを通ったが、ここにも昔の街道筋らしい素晴らしい街並みがあった。今日は片上宿を出発してからずうっと楽しく歩き続けている。そして道は吉井川に突き当たった。正午なので土手道の斜面の草の上に座り、川を見ながら昼食とする。吉井川は川幅が広く、背後には山があり、山陽新幹線も見えて景色が非常にいい。今度、新幹線に乗車した時はこの吉井川も車窓から気に掛けることになりそうだ。吉井川に架かる備前大橋を渡り、国道2号線に並行する脇道を歩いたが、やがて国道2号線から分れた国道250号線に合流する。ここからの国道歩きはつらかった。この日は快晴で風のない暑い日だった。そんな中、日射で熱くなった単調な車道を歩き続けた。山陽本線の上道駅付近で国道から離れて藤井宿へと向かう。しかし私は山陽新幹線の高架下の道が日陰になっていることを幸いに、この道をしばらく歩き続けた。周りは田んぼで景色はよく、風が通り抜けるので涼しくて気持ちがいい。しかし街道を歩く旅人としてはあまりに情けない。やはり山陽道に行かなければと思い、日差しは強いのだが田んぼの中の道を通って藤井宿へと向かった。藤井宿は静かないい感じの街並みだった。山陽道を忠実に歩かなかったことを深く反省する。しかし歩き直す体力と気力はない。美しい藤棚やチューリップを見たことを言い訳に藤井宿を通過した。

19 岡山宿

岡山　岡山城の石垣と猫

岡山

２０１７年４月23日〜24日・５月８日

岡山城では草むらに隠れている猫と遊びたくなり、手を出したら引っかかれてしまった。翌朝早く、まだ誰も歩いていない中、黒い色をした岡山城は堀の水面に静かに写っていた。白く優美な姫路城に対して力強い感じがする岡山城だった。

岡山　岡山城

藤井宿を出てからは山陽道を国道250号線と並行するように歩き、東岡山駅の手前でJR赤穂線と山陽本線を横切る。赤穂線ともここでお別れだ。そして通過する車両が多くなってきた。そのため昔の街道の雰囲気はなく、ひたすら車道を歩いている感じだ。日差しが強くて暑いのでかなりつらい。それでも何とか旭川に到着。川のほとりで小休止をして、岡山城には16時半に到着した。黒い外壁の天守閣や石垣を見て休んでいると、草むらの中に猫がいる。私を警戒しているようだが逃げない。精悍な顔をして私をにらんでいる。少し遊ぼうと思い手を出すとひっかかれてしまった。私は猫を飼っていたことがあり、猫に好かれるのは得意なのだが。この猫は私をひっかいても逃げないで居続けている。ここが自分の縄張りだと主張しているのだろう。私の方が退散することにして、今日宿泊するホテルへと向かった。

翌日は5時に起きて岡山城周辺を散歩する。まだ6時前なので人はほとんど歩いていない。城は堀に囲まれていて、その水面は穏やかで天守閣が写っている。岡山城は黒い壁が特徴で、屋根には金色の飾りがあり、美しい姿をしている。戦国武将の宇喜多秀家の所有だったが、関ケ原の戦い後に改易となり小早川秀秋が入城した。秀秋が死去した後は池田氏が領主となった。黒い外観から烏城との別名がある。今回の旅で姫路城を見たが、白鷺城との別名が付けられていたことを思い出す。これで白と黒の両方を見たことになる。岡山城の天守閣は国宝だったが、空襲で焼失し、1966年に鉄筋コンクリート造で再建された。一方の姫路城は落ちた爆弾が不発弾で無事だった。城の運命の不思議さを思う。スケッチを試みるが、少し変形しているので描きにくかった。すぐ近くには有名な後楽園があるが、まだ開園前なので入場はできない。白い色の姫路城はきれいで華麗だったが、黒い色の岡山城天守閣も力強い感じがして、素敵だなと思いながらホテルに戻った。

岡山は大都市なので昔の街道筋らしい雰囲気は残っていない。今日が今回の旅の最終日で、次の板倉宿まで歩いてから、電車で岡山駅に戻り新幹線で帰宅する予定だ。天気は晴れで今日も暑くなりそうだ。

5月上旬に山陽道の旅を板倉宿から再開した。その際に岡山駅で途中下車したので、岡山宿に関して少し補足しておく。山陽新幹線で岡山駅に着きJR吉備線に乗り換えるが、50分間の待ち時間があるので、岡山駅前の桃太郎像を見学することにした。鬼退治で有名な桃太郎伝説は日本各地にあるが、ここ岡山も桃太郎には力を入れている。岡山空港の愛称は最近「岡山桃太郎空港」に決まったし、吉備線の愛称は「桃太郎線」

だ。さて桃太郎像だが桃太郎を中心にして猿、雉、犬が配置されている。桃太郎の足元にはハトが3羽とまっている。このハトも像の一部のように見えて、桃太郎の仲間が増えた感じがしておもしろい。しばらく見ていると桃太郎の肩や頭にもハトがとまりだして、何とも賑やかな状態になってきた。

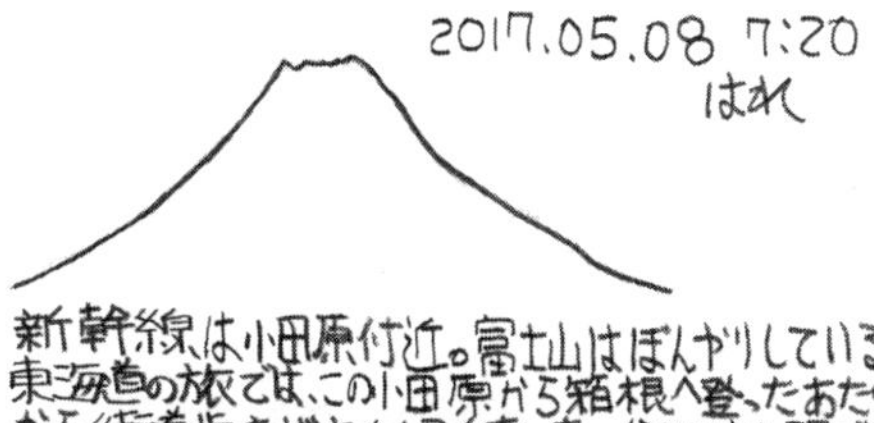

20 板倉宿

板倉　吉備津彦神社　備前焼の狛犬

板倉

２０１７年４月24日・５月８日～９日

吉備津彦神社、吉備津神社、備中国分寺。
板倉宿は見どころ満載の所だった。

この日は第1回目の西国街道・山陽道を歩く旅の最終日だ。岡山駅の横を通って板倉宿を目指して歩いた。板倉宿には有名な吉備津神社と吉備津彦神社がある。最初に吉備津彦神社に寄った。神社に置いてあった岡山県の寺社を紹介する冊子『まいられぇ岡山』(山陽新聞社)によると、この神社の御神山は背後にある吉備の中山である。ご祭神として祀られているのは第10代崇神天皇の御代、大和朝廷の命により四道将軍として遣わされ、吉備国を平定したといわれる大吉備津彦命。昔話「桃太郎」のモデルとして有名とのことだ。鳥居をくぐると赤い色をした備前焼の狛犬が控えている。普通は石像のグレー色ばかり見てきたので珍しい。伊部で見た備前焼は器だけでなく、いろいろな物を作るようだ。さらに進んで行くと大きな灯籠が左右にある。高さは11mで日本一の高さを誇る。本殿はいかにも神社建築の格調ある建物で「三間社流造」と言う。

吉備津彦神社を出てから吉備津神社を少しだけ見学して、JR吉備線(桃太郎線)の吉備津駅に向かう。吉備津神社は大きいので、次回の旅でゆっくりと見ることにした。これで最初の西国街道・山陽道の旅を終えた。岡山駅から東京駅へ向かう新幹線の車窓からは、今回の旅で歩いた場所が時折現れる。10日前に京都の東寺から歩き出したのが、はるか昔のような気がする。いつもならすぐに眠くなるのだが、外の景色を見続けていた。

旅の再開は5月上旬。吉備津駅に着くと松並木の参道を通り吉備津神社へ向かう。山陽道でも屈指の大社であり、いきなり今回の旅のハイライトの登場だ。大吉備津彦命を主祭神とし、その一族の神々を祀っている。また桃太郎の鬼退治の伝承が残る所だ。まずは国宝の本殿・拝殿を見る。応永32年(1425年)に、

板倉　吉備津神社

勅命を受けた足利義満により再建されたもので、出雲大社の約2倍以上の広さを誇っている。入母屋造の屋根を前後に並べ、棟と棟に縦1棟を通してつなぎ一つの大きな屋根にまとめた様式は「比翼入母屋造」といわれ、全国唯一であることから「吉備津造」とも称されているとのこと。見事な建物だ。そしてこの神社の一番の魅力は本殿から続く総延長約400mの回廊だろう。屋根が傾斜に沿って伸びている姿は素晴らしい。吉備津神社を代表する風景として、写真を撮るには絶好のポイントだ。

吉備津神社を後に県道270号線を歩いて行くと造山古墳が遠くに見えてくる。この付近は古墳が多く、昔から発展していた地域のようだ。木陰に入ると風が通り抜けて心地よい。休んで元気がでてきたが、造山古墳まで歩くには少々遠い。それに小高い丘にあるので登るのも大変そうだ。双眼鏡で確認をするだけにする。私は奈良に住んでいたことがあり、古墳には興味を持っているが、先を急ぐことにした。

備中国分寺の五重の塔が見えてきた。そして道路の反対側には三宅酒造があり、併設している「酒造資料館」に立ち寄る。２階には酒を造る昔の道具が展示してある。係の方に丁寧に説明をしていただいた後に少し試飲をした。酒蔵にはよく杉玉がかかっているが、最初は緑色だが徐々に茶色になることを教えていただいた。緑色の杉玉は、それはきれいだとのこと。その時に思ったのは、寺社等は創建当時、柱などを朱色や緑色に塗っている。それが年月を経て茶色に色を変えていく。草木等の植物は最終的には茶色に行き着くのだろうか。こんなことを考えるのも吉備津神社の印象が頭から離れないからだろう。

さて備中国分寺である。この日は5月8日だが、近くにはまだ鯉のぼりが青空を泳いでいる。境内に入り五重の塔に近づくと、複雑な姿の彫刻が初層の頭貫にはめ込まれている。『まいられえ岡山』によると、十二支の禽獣（きんじゅう）彫刻とのこと。塔の高さは34・3ｍもの高さを誇り、国指定の重要文化財だ。塔はこの辺りのシンボルであり、木々に囲まれて見える五重塔は吉備路を代表する風景だ。板倉宿に

板倉　備中国分寺

は古い民家は少ないが、吉備津彦神社、吉備津神社、備中国分寺に加えて古墳群があり、もっと時間をかけて楽しみたい所だった。

今日の宿泊場所である国民宿舎「サンロード吉備路」に着いたのは16時半。すぐに今日描いたスケッチを仕上げる。その後は自由な時間なので大きな風呂に浸かり、美味しい夕食を食べてビールを飲む。幸せの極致である。本来、旅の初日なので、ホテルの一室でギラギラした気持ちで緊張感を持っていないといけないのだが、少し気持ちがゆるんでいるようだ。食べ放題のアイスクリームを食べながら、まあゆっくり歩けばいいかという気持ちになっている。

翌朝は朝食前に近くの作山古墳を散策。雨が降りそうな空模様なので傘を持って行く。古墳の周りをバードウォッチングしながら歩き、祠をスケッチして国民宿舎に戻ってくると、ここには何故かタンチョウが飼育されていることを知る。黄色いアヤメの

中をタンチョウが歩いている姿はきれいだ。タンチョウは飛べないように羽を切っているとのことだ。双眼鏡でゆっくり観察することができた。ところで、タンチョウの頭のてっぺんが赤いのは、そこに毛がはえてなく皮膚の下の血が透けて見えるからである。その鮮やかな丹色を見て、今回の旅への気合が入ってきた。

天気予報では今日は雨になるらしい。この時期は雨もまた楽しい。雨が降ると草木の緑は一層鮮やかになる。雨の旅はいつまでも印象に残ることが多いのだ。手帳に雨がかかると鉛筆がのらないので、スケッチはしにくいのだが。昨日あまり歩いていないので疲れはない。元気に宿を出発した。

21 川辺宿

川辺　民御崎神社

川辺

2017年5月9日

吉備真備は地元の英雄だった。「まきび記念館」で見た「吉備大臣入唐絵巻」は面白くて、漫画を見ている気がした。

8時頃に国民宿舎「サンロード吉備路」を出発。雨が降り出す前にできるだけ歩いておきたい。県道270号線を歩き、JR伯備線を横断して高梁川を渡るところで雨が降り出した。この川を渡ると川辺宿だ。川辺宿はあまり古い民家は残っておらず、大型店舗も多いので昔の街道の雰囲気はあまり感じられない。そんな中、艮御崎（うしとらおんざき）神社に寄る。雨はだんだん強くなり、傘を差しながら狛犬を見ていた。面白い表情に加えて黄緑色の地衣類が模様のように貼りついているのが印象的だ。

さらに先を歩き続けると「まきび記念館」がある。建物の列柱は奈良の唐招提寺の金堂を思わせる。吉備真備は奈良時代の学者であり政治家で、右大臣になった人だ。遣唐使として2度海を渡っている。展示物の中では「吉備大臣入唐絵巻」が面白い。赤鬼や囲碁の対局、空中を飛ぶ人が出てきて物語を構成している。真備の唐での活躍を描いているらしい。この絵巻は平安時代の作なのだが、漫画のような感じの作品である。この近くには真備公墳や産湯の井戸等、吉備真備に関連する所が多い。また近くにある駅名は吉備真備駅だ。吉備真備は地元の英雄だった。記念館を出ると井原鉄道と小田川に並行するように歩いて行く。小田川の向こうに見える琴弾岩は吉備真備が晩年、名月の夜にこの岩の上で琴を弾いたと伝えられている。

【川辺】　2018年7月13日（西国街道・山陽道の旅を終えて約1年2ヶ月後）

西国街道・山陽道の旅を全て終えてから約1年が経過した。当時の旅のまとめをしていた時、この「川辺宿」を書く1週間前に、西日本を記録的な集中豪雨が襲った。この倉敷市真備町地区では、堤防が決壊した小田川からの水が流れ込み、多くの家々が水没した。真備記念病院は2階まで浸水したと報じられている。

私は約1年2カ月前にこの病院の横を歩いた。新聞に掲載された浸水地域を見ると、私の歩いた場所が被害を受けている。人や家屋の被害は甚大だ。

今回の集中豪雨は西日本の広範囲な地域に被害をもたらした。このような自然災害を目にすると、今まで私が無事に歩いてこられたのは、単に運がよかったのだとつくづくと思う。被災地の一日も早い復旧をお祈りいたします。

22 矢掛宿

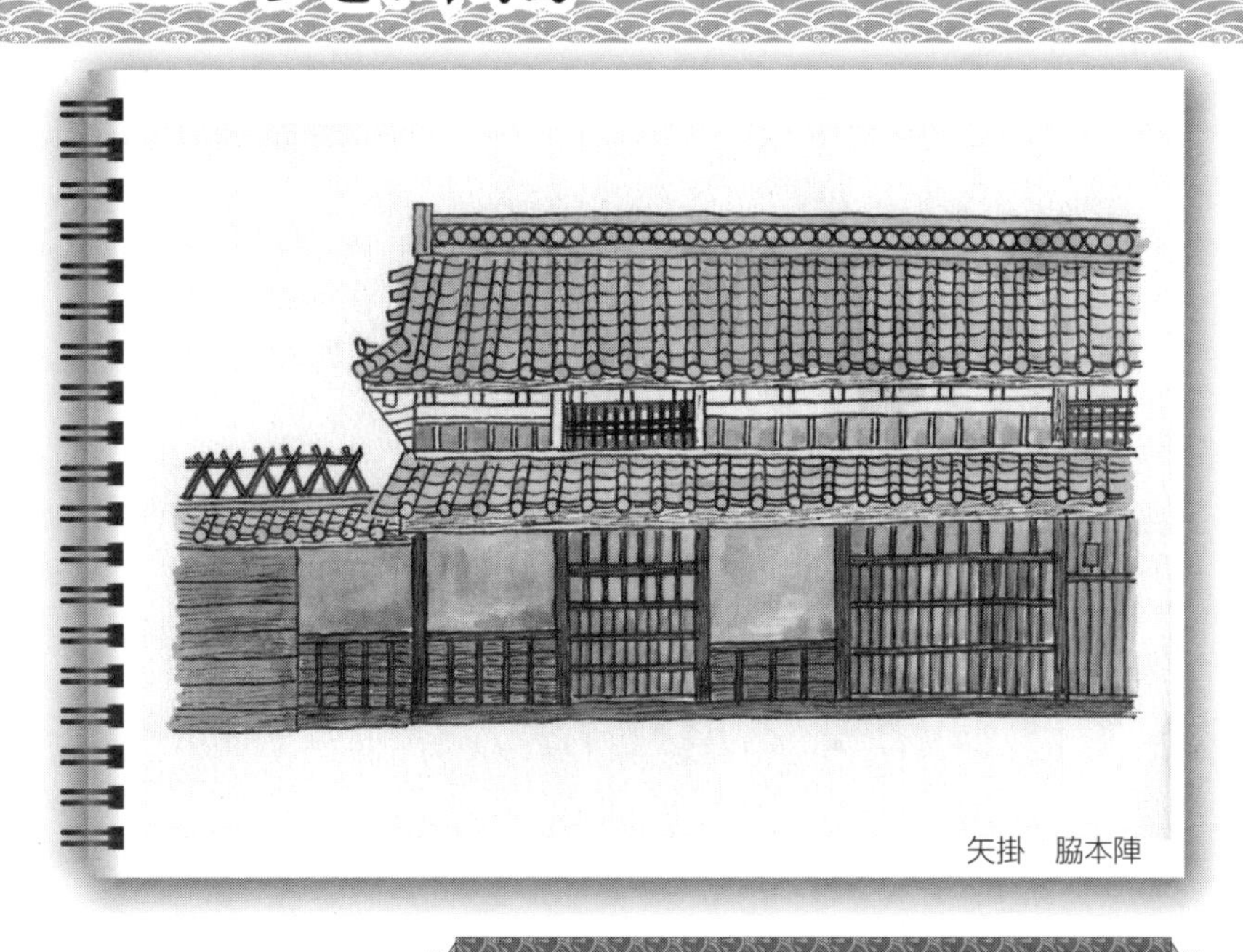

矢掛　脇本陣

矢掛

2017年5月9日

矢掛宿は素晴らしい街だった。本陣は建物もすごいが、酒蔵や米蔵が並ぶ中庭の空間は見応えがあった。脇本陣は蔵屋敷や表屋が並んでいて迫力十分だ。本陣と脇本陣だけでなく、通りに並ぶ店舗も時代を経た建物が多く、街並み全体から昔の街道筋の雰囲気が感じられた。また、それらを守ろうとする地元の方々の熱意が十分に伝わってきた。この矢掛宿を見ただけでも山陽道歩き旅をしてよかった。

井原鉄道と小田川とを並行するように国道486号線を歩いて行くが、雨は増々強くなってきた。そして三谷駅の手前から国道から離れて右側の細い道に入る。この辺りから昔の街道筋の雰囲気が色濃くなってきた。古い民家が多い。見ていて楽しいので雨の中をゆっくりと歩く。雨なのでスケッチができないのが惜しい。道は再び国道486号線に合流して、矢掛宿へと入って行く。矢掛宿はすごかった。店舗も民家も古い建物が多い。矢掛宿に関して、何も知識を持たないで来たので、これほど昔の街道の雰囲気を保存していることに驚いた。まだ先の長い山陽道の旅だが、この矢掛宿が一番昔の面影を残す宿場になるだろうなと思ったほどだ。

最初に目に付いたのは脇本陣高草家住宅だ。国指定重要文化財である。とにかく大きい。一番右側の蔵屋敷はグレー色の壁になまこ壁のような模様がある。土蔵造りのようだが、中は座敷とのことだ。表門、表屋と続く。表屋は灰色の壁と窓の面格子の配置が整っている素晴らしい建物だ。私の小さな手帳ではとても入りきらない。何枚かに分けてでも全部スケッチしたかったが、雨なので表屋の一部だけを描くことにした。内部は見学できないようなので、商店街を先に進むことにする。どの店舗も皆いい感じで保存されている。雨が強いのだが、各々の建物の前では立ち止まって見入ってしまい、なかなか先に進まない。

脇本陣を後に楽しい気分で歩いて行くと、これまたすごい建物がある。今度は本陣石井家住宅だ。脇本陣を見るのに時間を使ったのだが、やはり立ち止まらないわけにはいかない。こちらは内部見学ができるようだ。幸い、建物の前の店の庇で雨を避けることができるので、本陣の入り口付近をスケッチする。そうしたら本陣の中から係の人が出てきて、ぜひ中を見学することを勧めてくれた。もちろんスケッチを終えた後に

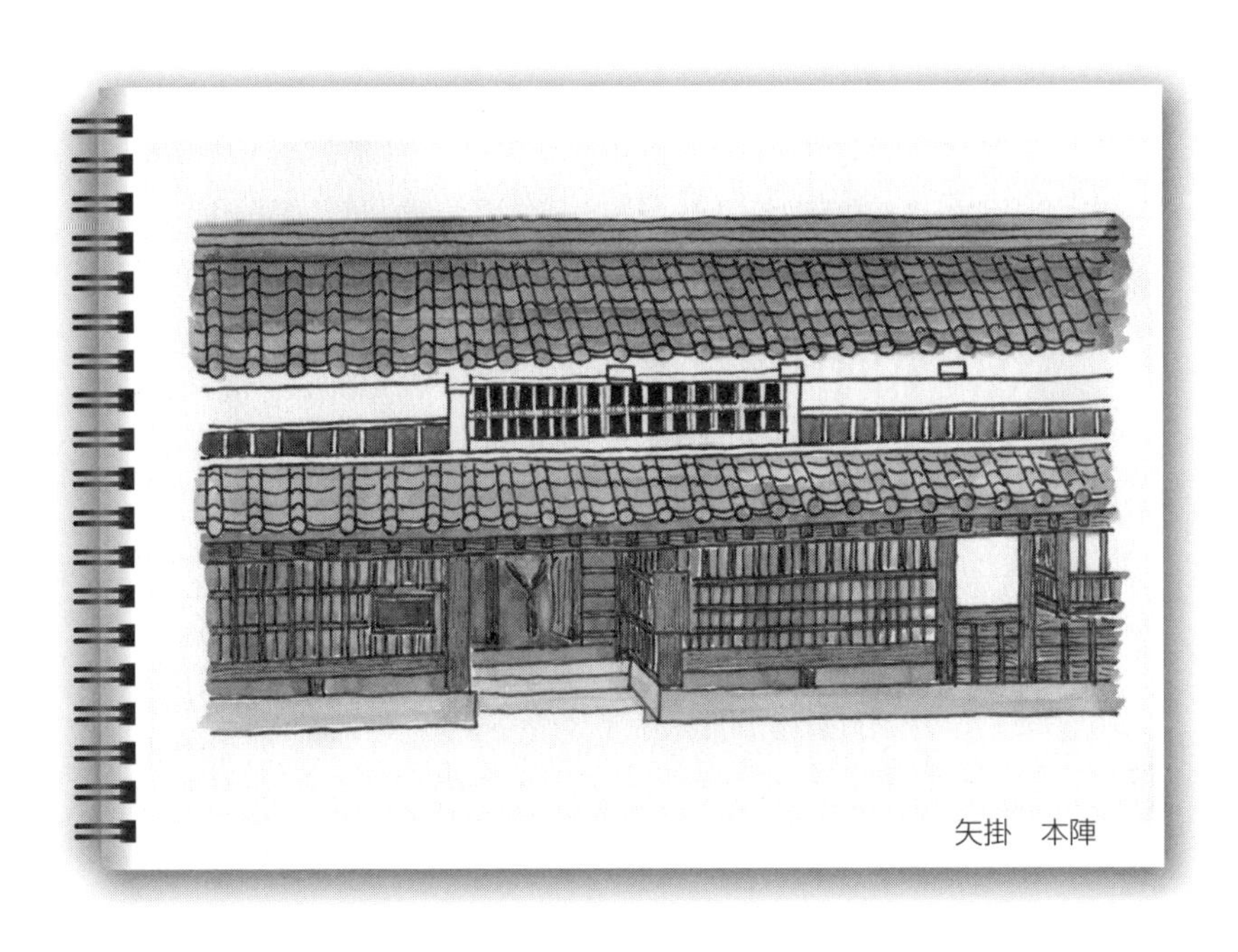
矢掛　本陣

入ると答える。パンフレットによると、この本陣は江戸時代初め頃から矢掛宿の本陣職を務めながら元禄年間頃から酒造業を営んでいた。屋敷は間口約20間（約36ｍ）、敷地面積は９５９坪（３１６４㎡）で矢掛宿でも一番大きな町屋建物とのことだ。内部の造りも素晴らしいのだが、私は裏側の酒造りに関係する建物に興味を持った。米蔵、酒蔵などが並ぶ空間も素晴らしい。道の外からの景色だけでなく、内部の中庭から見た外観もすごいのだ。この本陣には西国大名が主に宿泊し、天璋院篤姫も利用したとのことだ。この本陣も国指定重要文化財だが、本陣と脇本陣の両方が重要文化財に指定されているのは、全国でも矢掛宿だけである。

本陣の入り口に戻り係の方と話をする。私が山陽道を歩いている旨を話すと、親切なことに、参考にということで資料をいただいた。それは江戸時代に杉谷雪樵という人が家老の江戸参幕に随行の際、熊本の八代から江戸日本橋までの道中の名所、景勝地を描き留めた絵である。旅の最中に描いた下図を基に、約10年の歳月をかけて道中風景図巻（全118図）を慶応2年に完成させたとのことで、そのうちの2枚をコピーしたものだ。矢掛宿の絵はここ清音亭から描いた景色とのこと。係の方の親切がありがたかった。

矢掛宿は素敵な街道らしい雰囲気を残す宿場だった。天気の良い日に見たかった。雨を少し恨めしく思ったが、それはそれでしっとりとした感じの中、いい雰囲気を醸し出していたような気もする。楽しかったので長居をしてしまった。先を急ぐことにする。

井原鉄道

井原鉄道　小田駅

井原鉄道

2017年5月9日～10日

高架の線路を走る井原鉄道がある風景は、
旅心を掻き立てた。

川辺宿から神辺宿までを歩くにあたり、井原鉄道に触れないわけにはいかない。川辺宿を過ぎた頃から、井原鉄道沿いに歩いている。この日は矢掛宿を見学した後は井原鉄道の小田駅まで歩き、そこから川辺宿近くの清音駅に戻り、ＪＲ伯備線で倉敷駅に行き宿泊する予定だった。井原鉄道は線路が主に高架になっていて、それを見ながら国道486号線を歩いているのだが、電車が通らないので心配になり、備中呉妹駅の横を通る時に、事故で電車の運行が止まっているのではと心配になり確認をしに行った。問題なく運行しているようだ。さらに歩き続けていると、高架の線路を1両編成の電車が通って行くのを見て安心した。

矢掛宿を過ぎると雨が強くなってきた。土砂降りの雨の中を歩き、小田駅に着いた時はほっとした。小さな駅舎がかわいらしい。井原鉄道は高架線路とトンネルが多く、建設費はかなり高かっただろう。小田駅から乗車したのは1両編成の電車だが、車両内部の仕上げが豪華だった。4人掛けの席には台があり、旅の風情を掻き立てられる。何よりも高架を走る車両から見える両側に田んぼが広がるのどかな景色がよかった。しばらくすると高校生達が乗り込んできて満席状態になった。

翌日は再び井原鉄道で小田駅まで来た。昨日とは違う車両だった。小田川沿いに七日市宿、さらに神辺宿へと歩くが、常に井原鉄道が見え隠れしていた。この高架線路がある景色はこの地域の生活に溶け込んでいた。

23 七日市宿

七日市　日芳橋

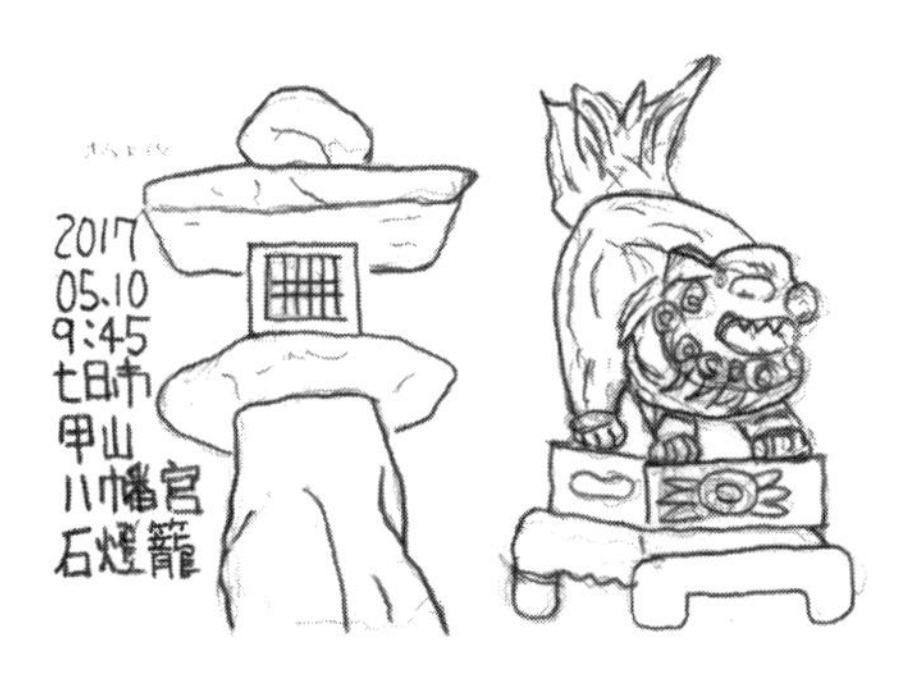

七日市

２０１７年５月１０日

日芳橋の武骨な赤い鉄橋を渡ると、古い民家がたくさんあった。それとは対照的に井原駅は三角錐のモダンな駅舎だった。

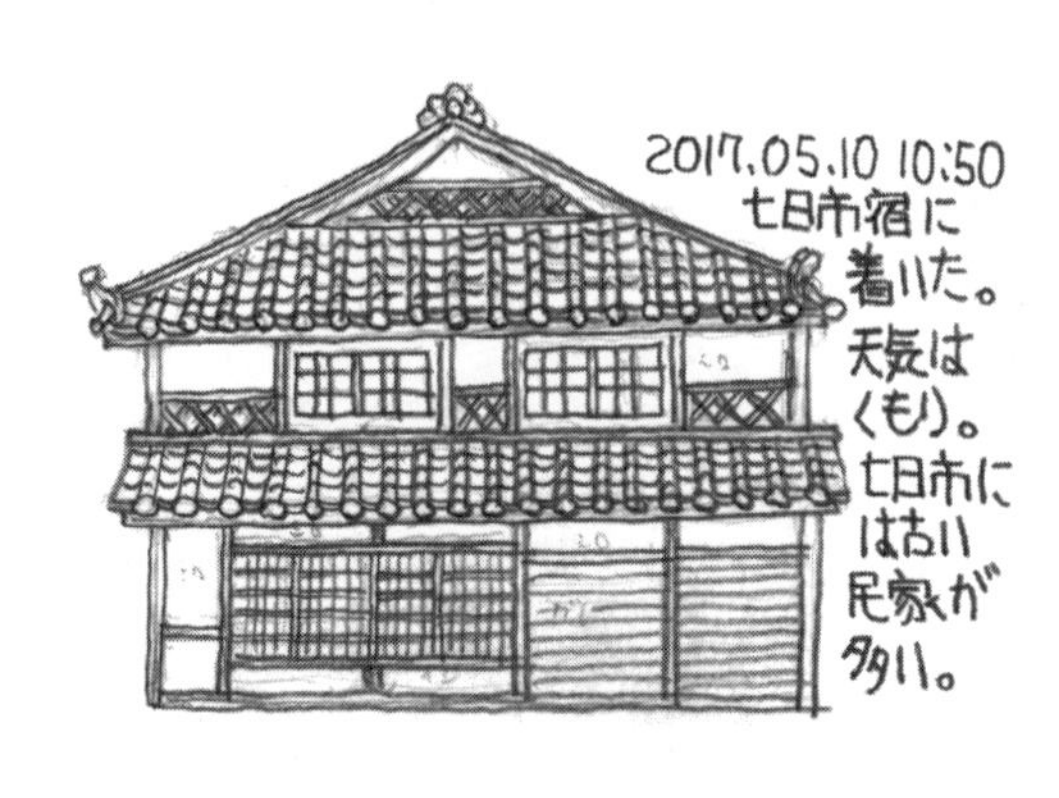

小田駅を8時頃に出発。小田川に沿って土手道を歩いて行く。土手の斜面に咲く花がきれいで、ウグイスの鳴き声を聴きながら歩くので楽しい。まだ午前中なので時間的に余裕があり、心が解放された感じだ。バードウォッチングをしながらのんびりと歩く。今日は曇りなので歩きやすい。土手道を離れて、国道486号線を横断して甲山八幡宮に寄り、大きな石灯籠と狛犬を見ながら休憩する。石灯籠は黄色みがかった色をしている。この地域で採掘される石材なのだろうか。

小田川に架かる日芳橋に着いた。橋を渡ろうとした時、キジの大きな鳴き声に驚き立ち止まる。日芳橋は赤い色をした、いかにも昔の鉄橋という武骨な造りだ。大正15年（1926年）の建造なので、約90年間を経た貫禄が滲み出ている。鉄骨を組み合わせたトラス橋で接合部にはリベットが使われている。力強くて、大正時代の頑固おやじといった感じがする。上流側には井原大橋があるので主な交通はそちらに任せて、こちらは隠居しているように思わせておいて、まだまだ俺はやれるぞという気概を感じさせてくれる。背後の緑色の山々と相まって実に趣がある橋だ。この橋を渡ると、ここが七日市宿なのだろう。古い民家が多く見かけられるようになった。

井原鉄道には小さな駅舎が多いが、七日市宿の井原駅は大きい。三角錐の形をしていて曲線が美しい屋根でできている。ゆかりのある那須与一の弓と矢をイメージしているらしい。那須与一は屋島の合戦で扇の的を一矢で射落とした軍功により、この備中に領地を賜った。

井原市の源平時代の英雄が那須与一なら、近年の英雄は平櫛田中だろう。井原駅の近くには平櫛田中美術館がある。井原市出身の彫刻界の巨匠で、私がよく行く国立劇場のロビーには平櫛田中の代表作「鏡獅子」が置かれている。そして私が勤務していた職場のある東京都小平市は平櫛田中が晩年の約10年間を過ごした所だ。百歳を超えても作品を作り続けて、百七歳で大往生した。小平市で田中が過ごした邸宅は「小平市平櫛田中美術館」として公開されている。私も訪れたことがあり、子犬の可愛らしい作品が印象に残っている。井原市の美術館には時間がなくて寄れなかったのが残念だ。中途半端な時間で見学するのは平櫛田中に失礼な気がして諦めた。後ろ髪を引かれる思いで、次の高屋宿へと向かうことにした。天国にいる平櫛田中が、最近薄くなってきた私の後ろ髪をつかみ損ねたのだろうか。もう少し早い時間に七日市宿に到着しておけばよかった。

24 高屋宿

高屋　常夜燈

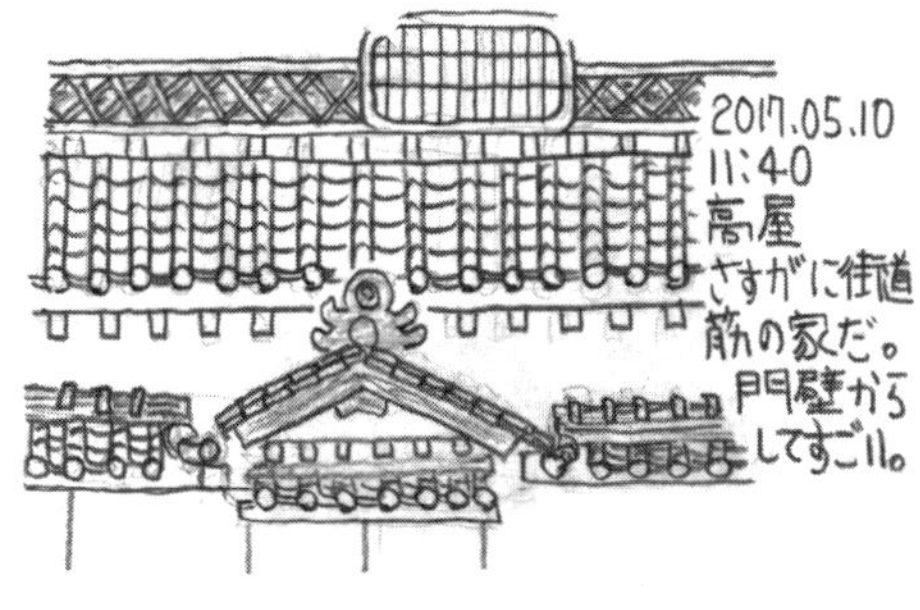

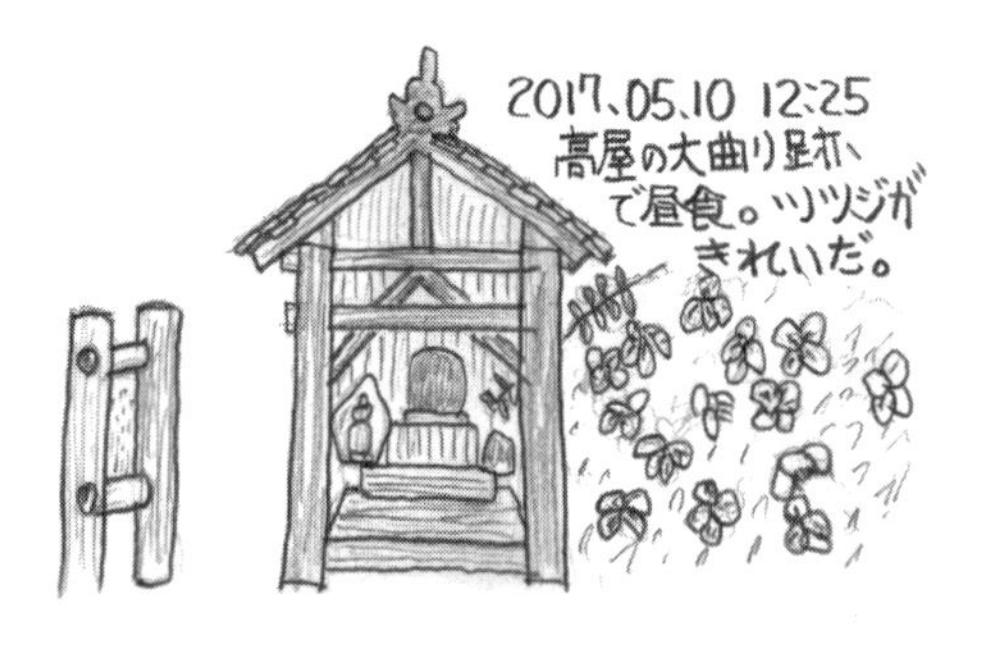

高屋

２０１７年5月10日

高屋宿は昔の街道の雰囲気を感じさせるすごい民家が多かった。その中で、鯨の姿に似た台座にのる常夜燈が印象に残る。

井原駅を後にして井原鉄道に沿って歩いて行く。国道から離れた住宅街の道なので車はあまり通らない。そして古い民家が多いので街道の雰囲気が味わえる。建物はもちろんだが、門もすごい家が多い。鯨のような形をした台座にのる石灯籠があった。灯籠には「献燈」と彫られている。私はこれを見て、江戸時代に鯨漁をしていたのでその供養のために建てたのだろう思った。つまり私は「獣燈」と読んだのだ。しかしこれは私の知識不足で、「献燈」の難しい書き方である。でも台座が鯨によく似た姿だと思うのは、私だけではないだろう。

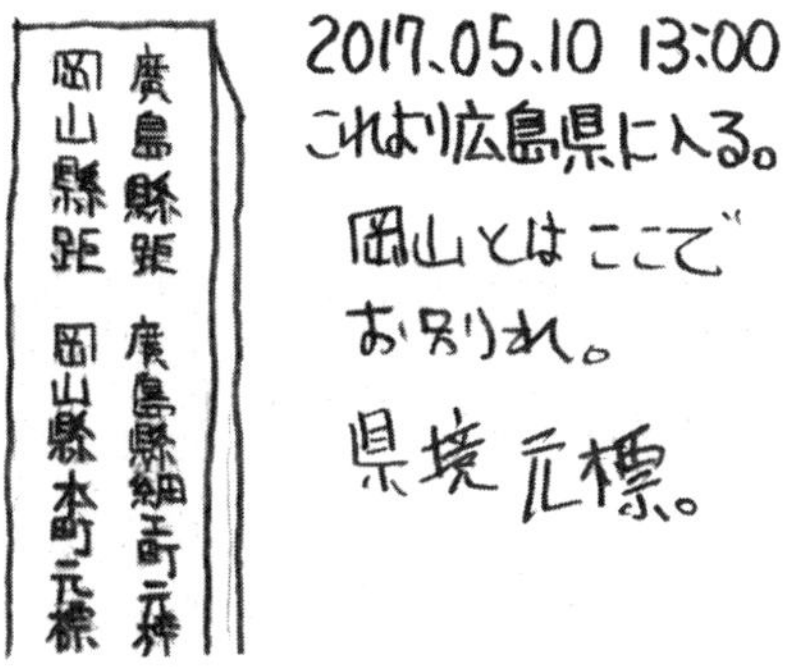

昼食が食べられる場所を探しながら歩いて行くと、「高屋の大曲跡」があり公園になっている。ツツジがきれいに咲いていて、ベンチがあるのでここでおにぎりを食べる。この日は曇りで、あまり暑くはないので快適だ。ここから少し歩くと「子守唄の里高屋駅」の横を通る。面白い駅名だが、この地区で唄われていた「中国地方の子守唄」がその名の由来のようだ。高屋宿は街道筋の雰囲気を満喫できる街並みだった。さらに歩いて行くと岡山県と広島県の県境元標が道路脇に立っている。岡山県に別れを告げ、広島県にお世話になる旨の挨拶をした。

2017.05.10 13:00
これより広島県に入る。
岡山とはここで
お別れ。
県境元標。

25 神辺宿

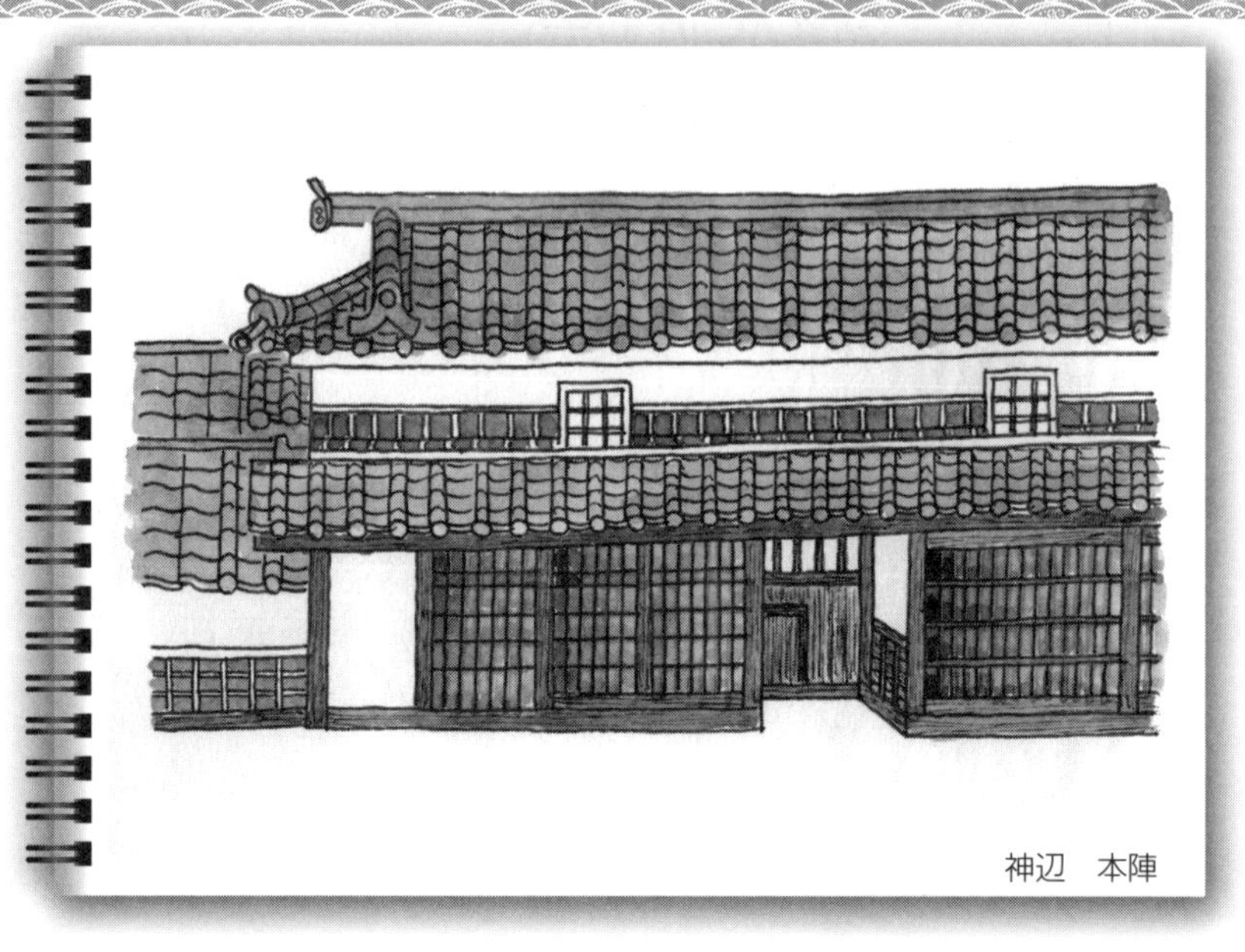

神辺　本陣

2017、05、10
13:20
神辺への途中。
土壁のくずれた蔵あり。
竹小舞の下地がでていて趣きがある。

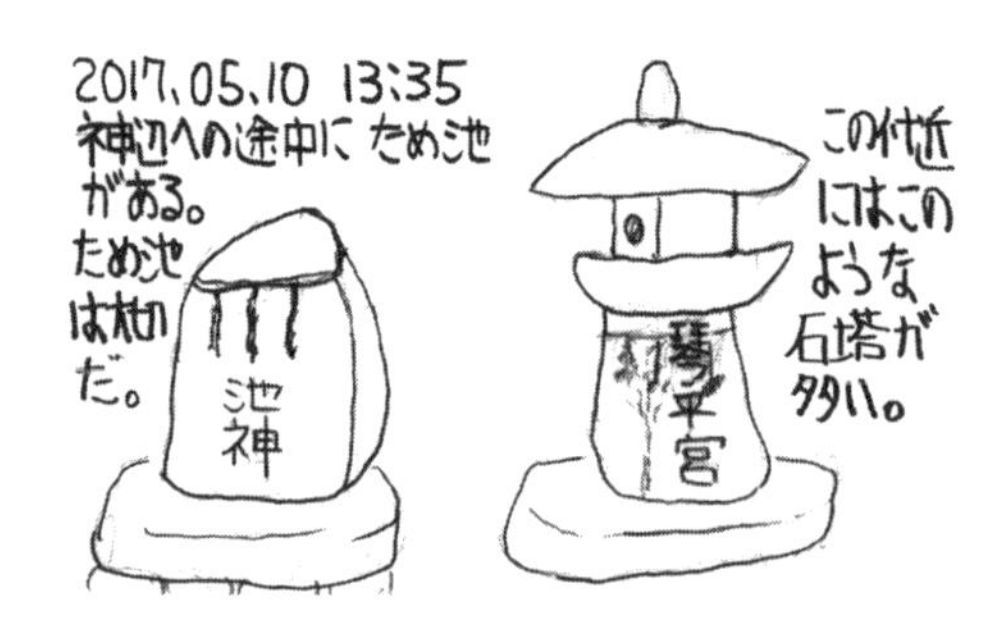

2017、05、10 13:35
神辺への途中に ため池がある。
ため池は村のだ。
池神
琴平宮
この付近にはこのような石塔が多い。

神辺

神辺宿の本陣は、漆喰の白壁に青色のアクセント壁が入り、茶色の面格子も加わって調和がとれた建物だった。

２０１７年５月10日

広島県に入って最初の宿場の神辺宿に向けて歩く。道の途中に土壁が崩れて下地の竹小舞がむき出しになっている民家がある。いかにも時代が入っている建物だ。また壁の白色と土の黄色の組み合わせは絶妙な趣がある。前の高屋宿あたりからずうっと感じているのだが、石灯籠が頻繁に現れる。常夜燈の役目としても、こんなにも多くなくてよいのではと思う。江戸時代は油が貴重だったはずで、石燈籠を見るたびに不思議に感じた。

高屋川沿いの道を歩き神辺宿へと入る。神辺宿も古い民家や店舗が多くていい雰囲気だ。特に本陣は大きくて、白壁に青色の模様と茶色の面格子の組み合わせが素晴らしい。本陣の道路を挟んだ前にはベンチがあるので、そこに腰かけて休みながらスケッチをしたかったのだが、地元の方が座っているので、少し離れた場所で描いた。ここからは細い道を通って神辺駅まで歩く。車両の通行が多くて実に危ない。神辺駅に着いたのは16時。川辺宿からずうっと井原鉄道沿いに歩いて来たが、神辺駅はその終点である。井原鉄道ともここでお別れだ。今日の旅はここで終わりにする予定だったが、明日の行動を楽にするために国道３１３号線を歩きＪＲ福塩線の横尾駅まで行くことにした。もう夕方なので全力の急ぎ足で歩いた。そのため横尾駅に着いた時には疲労困憊だった。この横尾駅から今日宿泊するホテルに近い福山駅までは約３㎞の距離なのでさらに歩こうかとも考えたが、精魂尽き果てたので福塩線で福山駅へと向かった。それでも福山駅に着いてから、駅近くにある福山城を見学したのは私のしぶといところだが。

福山のホテルはツインの広い部屋なのでゆったりできた。福山城に隣接しているので、部屋から望む景色は美しく、角部屋なので駅方面も開けている。チェックインが遅かったので、スケッチの仕上げに20時まで

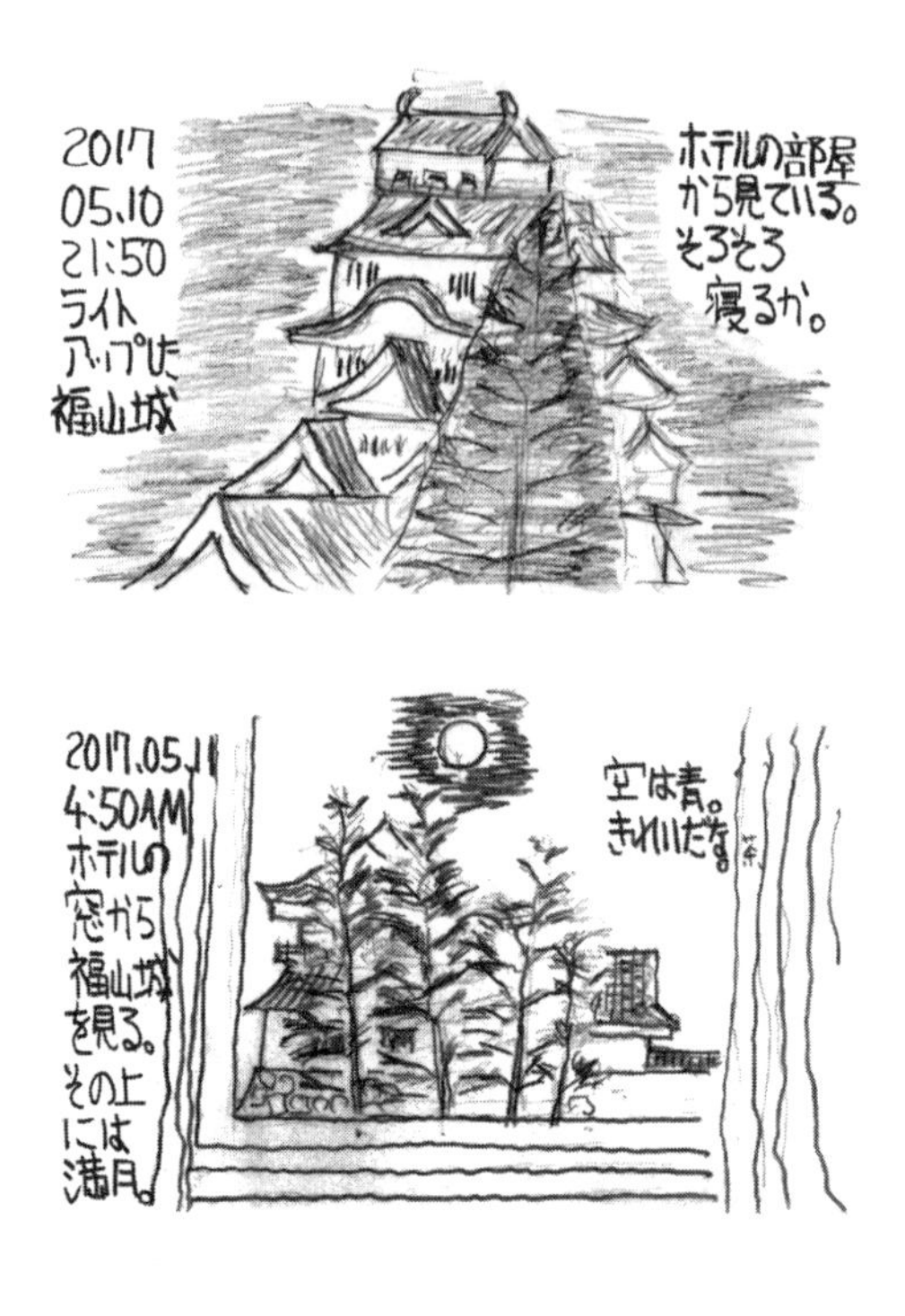

かかってしまった。それから風呂に入り夕食とする。福山城を見るとライトアップされた天守閣が白く浮かんでいる。広い部屋でゆったりとした気分で飲むビールは旨く、今日も無事に終えた幸せを感じながら城を見ていた。

明け方に目が覚めて天守閣を見ると、その上に満月が出ている。周りの空は群青色で満月の黄色い姿がきれいだ。今日も暑そうだが、体中に気力が充填されてきた。

26 今津宿

今津　赤坂　石灯籠

2017.05.11 8:15 大渡橋
芦田川が流れている。ヒバリの声を聴きながら今日の旅の始まり。

今津

金刀比羅神社と彫られた石灯籠はとにかく大きかった。そして蓮華寺で暑さに参って休んでいると、さわやかな挨拶を受けて気力が回復した。

２０１7年5月11日

　福山駅からＪＲ福塩線で再び横尾駅に来てから歩き出す。大渡橋を渡り芦田川沿いの県道３７８号線に並行した静かな道があるのでそちらを歩く。ヒバリが空高く留まりさえずっていて、のどかな感じだ。天気は晴れで日差しが強くて暑い。しばらくして地図とは異なる場所を歩いていることに気づく。私は拡大コピーした道路マップに歩く道をマーカーで塗って、それを確認しながら歩いている。しかし、実際に歩いて行くと魅力的な道に出合いルートを変えることも多い。そのような時に本来の道とは少しずつ離れていき、10分くらい歩くと約１㎞もずれてしまうことがある。できるだけ早く気が付くことが大切だ。一番怖いのは、間違いに気づいた時の場所が手持ちの地図の範囲から外れて、自分がどこにいるのかがわからなくなる状態だ。そのような時は来た道を忠実に引き返して、地図で確認できる所まで戻らなければならない。この時も来た道を素直に引き返せばよかったのだが、間違えに気づいた地点から山陽道の方向へ勘を頼りに歩くことにした。その結果、住宅街の中をさ迷うように歩き続け、30分間くらい何度も同じ道を往復したりして、やっと地図に記載のある信号に出た時はほっとした。暑い中を焦って速足で２㎞くらい余計に歩き、かなりの汗をかいて疲れてしまった。

　しばらく行くと山陽本線が左側に見えてきて並行するように歩く。備後赤坂駅を過ぎる頃、巨大な石灯籠があり、金刀比羅神社と彫られている。それにしても大きい。この付近では大きな石灯籠をたくさん見かけたが、その中でもこれは特に大きい。金刀比羅神社は香川県琴平町の金刀比羅宮を総本宮として日本全国にある。以前、琴平町に行った時に大きな高灯籠を見たことがある。大きな灯籠は金刀比羅神社の特徴のようだ。

松永駅に着いたのは11時半。駅の中に入りベンチで昼食とする。日射しを遮ることができるのでありがたい。トイレにも行きたかったのだが、駅構内にしかないようなので、駅員の方にお願いして使わせていただいた。そして今津宿本陣跡には12時頃に到着した。立派な石垣があり、門や塀に昔の面影を残している。今津宿にはあまり古い民家や店舗は残っていないが、宿場の中心である本陣で昔の雰囲気を少しでも味わえるのはありがたい。

この日はとにかく暑くて、本陣に着いた時、どこか日陰に入って休みたいと思ったが見当たらない。仕方なく先を歩いて行くと、右手に蓮華寺がある。階段を上がらなくてはいけないが、門の下が日陰になっているので喘ぐように登る。とにかく日陰で休みたい。この時、軽い熱中症になっていたのかもしれない。歩いていても眠たくなってくる状態だった。しばらくこの門の日陰で休んでいると、両手に袋をぶら下げた寺の関係者らしい方が前を通った。門の前で手持ち無沙汰に立っている私を怪しむ素振りも見せないで、「こんにちは」とさわやかな挨拶をしてくれた。そのため私も心に余裕が生まれたのだろう。汗が引いた頃にこの門のすばらしさに気づく。円柱と角柱が組み合わさり、扉に付いている金具が時代の経過を感じさせる。普段なら見過ごすようなことにも気がつくようになった。私の旅の感覚も復活したようだ。この蓮華寺は脇本

今津　蓮華寺

陣の役目を務めていたとのことだ。長い時間休んだので元気になった。これで今津宿では本陣と脇本陣を見たことになる。それにたくさんの石灯籠は、この地域の歴史と文化を感じせてくれた。次は尾道宿だと思い国道2号線を歩き出した。

27 尾道宿

尾道　浄土寺付近からの新尾道大橋

尾道

2017年5月11日〜12日

浄土寺への坂道を登って行くと、突然、尾道港と新尾道大橋が現れて驚いた。明るくてきれいな景色だった。

今津宿から尾道宿への道は峠越えの道だ。しばらくは国道2号線を歩く。このまま国道を歩き続けて海側に出ても尾道には行けるのだが、山陽道歩きをしている者としては防地峠を通らなければならない。青山交差点から右側の山へ向かう道に入る。そして西瀬戸尾道インターチェンジ付近にある2つの池の間を通って行くのだが、この入り口が少々わかりにくかった。でも正しい道を見つけたので安心して防地峠へと登って行く。木陰の中を歩くので、涼しくて快適だ。防地峠を越えると尾道港が見えてきた。船や海が木々の向こうに見えて、いかにも峠を越えたことが実感できる光景だ。道なりに下りて尾道東高校の横を通り、やがて国道2号線に合流する。浄土寺の案内表示があるので寄ることにした。寺へ続く坂道を登って行くと西郷四郎像がある。富田常雄の小説『姿三四郎』のモデルとなった人物だ。小説の中での得意技は山嵐。どんな技だったのだろう。そして坂道を登り終わると素晴らしい景色が広がっていた。新尾道大橋と海が見える。その手前にある白壁と杉の焼き板でできた建物もいい感じだ。浄土寺の山門をくぐると本堂、阿弥陀堂、多宝塔が見えた。各々が見事な建物で本堂と多宝塔は国宝だ。阿弥陀堂の前にベンチがあるので座るが、ハトが多いのでフンが気になる。そのため、境内をあちこち歩きながら見て廻った。実はベンチに座った時、阿弥陀堂をスケッチしようと試みた。しかし今日は炎天下を歩いてきたので、体力を消耗し気力が尽き果てた状態だった。そのため阿弥陀堂の複雑な建物を描く根気がなくなっていた。歩く旅は心身に余力を持たないと楽しめない。

尾道は港町だが坂道の多い町でもある。坂を登ると寺社が数多くあるのだが、すでに夕方に近い時刻なので、今日の宿に急ぐことにして、尾道のアーケード街を歩き出した。長いアーケードだが、平日のせいかシ

尾道　尾道港

ャッターを閉じている店が多く、少し寂しい感じがする。尾道駅前を通り抜け、途中のコンビニで夕食とビールを購入してホテルに着いたのは16時半。道を間違えて歩くペースが狂ったので、少し疲れた一日だった。

翌朝は6時前に起床。ホテル近くの尾道港を見に行く。もう船が行き交っていて、港は活気があふれている。私も昨日の疲れは癒えて元気になった。そして天気がよい。今日は海沿いを歩くので、瀬戸内海がきれいに見えることだろう。でも昨日に続いて今日も暑いだろうな。

8時にホテルを出発。最初は山陽本線を横断して山側の坂道を登る。尾道が山の斜面にできた街であることが実感できる。そして尾道バイパスに沿うように下りてきて再び国道2号線に合流する。もう三原市に入っている。尾道宿は山側の寺社を丁寧に廻りたい宿場だった。千光寺や文学公園まで足の延ば

せないのは残念だがやむを得ない。もう少し余裕のあるスケジュールを組みたかった。これも先を急ぐ旅人稼業のつらいところだ。江戸時代の渡世人になった気持ちで、瀬戸内海を左手に見ながら歩いて行く。時折後を振り返るが、新尾道大橋はだんだん小さくなっていく。私の旅は着実に前へと進んでいる。瀬戸内海は青く光っていて、その中に浮かぶ小島は緑色に輝いていた。

28 三原宿

三原　三原城跡

三原

2017年5月12日

糸崎神社の大クスノキは迫力があった。三原宿では、時折現れる民家や店舗に時代を感じた。そして三原城の石垣の上には戦国時代の名将小早川隆景の旗がたなびいていた。

曇りなのであまり暑くはなく、瀬戸内海の景色を左手に見ながら快調に歩く。小さな島を見ながら歩くので楽しい。山陽本線も並行していて黄色の電車が頻繁に通り過ぎる。そして糸崎神社で休憩した。ここには大きなクスノキがある。これがすごかった。樹齢約５００年とのことで、特に根本がこぶのようになっていて太い。存在感抜群の木だ。見ていると、本殿を参拝した人はこの木も拝んでいく。この神社に来たからには、拝まなくてはいけないと思わせる迫力がある。三原宿はあまり昔の街道筋の雰囲気は感じられないが、時折大きな民家や店舗が現れて楽しませてくれた。

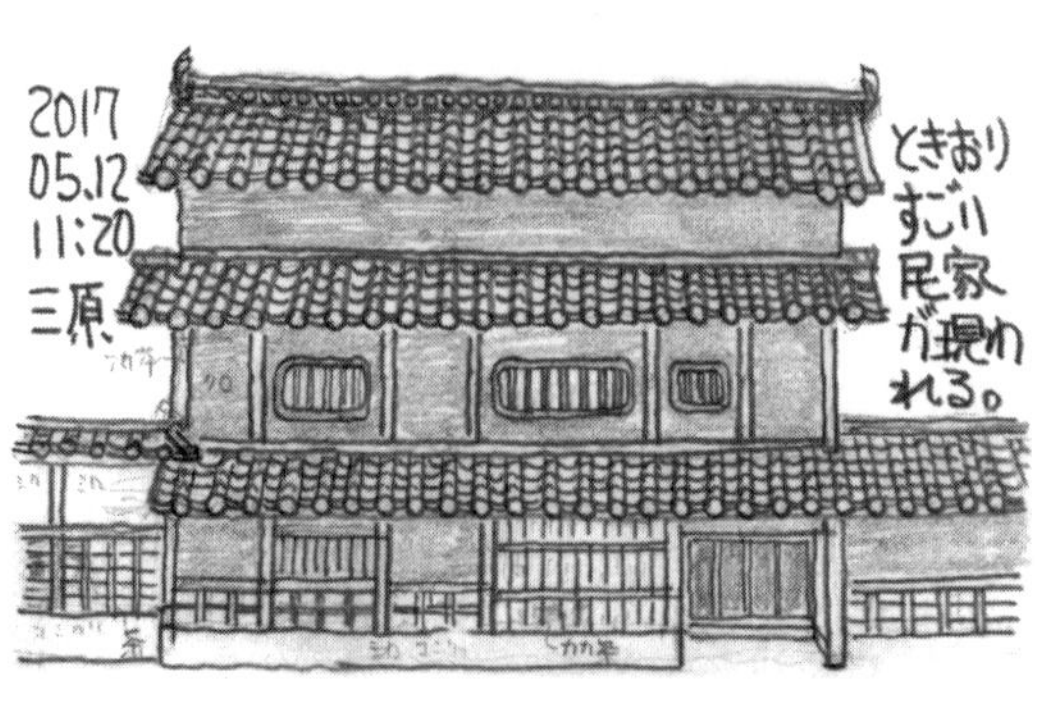

三原城跡に着いたのは正午。ここで広場のベンチに座り昼食とすることにした。天守閣はないのだが、石垣と堀の眺めはきれいだ。石垣の一面だけが何故か草で覆われている。そして石垣の上には戦国時代の名将小早川隆景の旗がたなびいている。ここでは小早川隆景は英雄なのだ。三原城の本丸跡地には山陽本線と山陽新幹線が通っていて、そこに駅舎が建てられている。せめて駅舎だけでも城の雰囲気を残す建物にしてほしかった。三原宿は瀬戸内海に面しているせいか、明るい感じのする宿場だった。

29 本郷宿

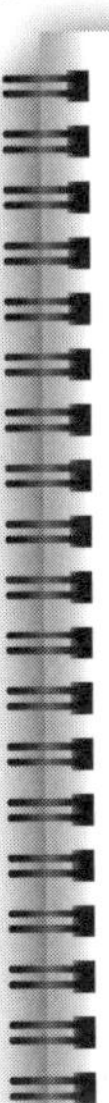

本郷　沼田川沿い本市橋付近

本郷

２０１７年5月12日～13日

沼田川沿いの土手道を花々や周囲の山々を眺めながら本郷宿に向けて歩いた。本郷駅前の旅館に宿泊したが、降り出した雨は運よく夜中に通り過ぎて、翌日は快晴。古墳を見ながら歩く旅はハイキングのように感じられて楽しかった。

三原宿を後に、山陽本線を横断して住宅街を歩いて行くと、やがて国道2号線に合流する。そして山陽本線と並行して沼田川沿いを歩く。恐らく本来の山陽道は国道2号線なのだろう。しかし車両の通行は多いし、街道の雰囲気がまったくないのでつまらない。幸いにも沼田川沿いの土手道が通行できるので、そちらを歩くことにする。この道がよかった。何よりも車両がほとんど通らないので安心して歩ける。歩いている時にはいろいろな事が頭に浮かぶし、自分を見つめることができる。自然に囲まれてこのように過ごす時間が私は好きだ。車両の通行を気にしないで過ごせるのでありがたい。沼田川の流れと土手道の斜面に咲く花々を見ながらゆっくりと歩く。緑の下草の中に咲く黄色や紫の花は鮮やかだ。ところで本来の山陽道は沼田川を挟んだ反対側なので、適当な所で川を渡らなければならない。地図を見て橋の位置を確認する。納所橋を渡り本郷宿へと向かうことにした。

西念寺を見て、山陽本線の本郷駅には15時過ぎに到着。今日宿泊する「星野旅館」はここから目の前に見える。あまり早く入るのも迷惑だと思い、駅前のバス停のベンチに座り、今日描いたスケッチの仕上げをすることにした。しばらくすると、近くにある総合技術高校の授業が終わったらしい。生徒達が大勢、私の前を通り過ぎていく。下手な絵を見られるのが恥ずかしいので、「星野旅館」に入ることにした。

「星野旅館」に着くと、スケッチの仕上げは後にして風呂に入った。今日も汗をかいたので、先ずはさっぱりとしたい。そして夕食を待ちながらスケッチの仕上げをする。夕食ではビールを飲みながら、今日一日を振り返った。しかし魚のバター焼きが旨くて、つい飲み食いに専念してしまう。旅をしていて一番幸せな時間だ。その後、部屋に戻ってくつろぐが、やはり和室はいい。街道を歩く旅人には和室が似合う。それは私

本郷　星野旅館

が江戸時代の旅籠に似た雰囲気を求めているからだろう。
　翌朝は5時頃に起床。昨夜はかなり雨が降っていたが通り抜けたようだ。7時半に「星野旅館」を出発。歩き始めてすぐに醤油の蔵元があり立ち止まる。この蔵元は魅力ある建物で、何とかスケッチしたかったのだが、道が狭くて建物との距離がとれないので、描くのを諦めて先を急ぐことにする。右手に心光寺の立派な石垣が見えてきた。黄色と灰色の石を積み上げた石垣で、その上には白塗りの塀があるので、城壁の横を歩いているようだ。さらに歩くと洋風で趣のある建物がある。「みとしろ文庫」というらしい。薄緑色の外壁としゃれた窓の模様が印象的な建物だ。そしてこの付近には古墳が多い。大昔は栄えた地域だったようだ。その中で貞丸古墳に寄る。坂道を登ると石室が見えてきて、その上には大きな石がのっている。これらの古墳巡りをするだけでも面白そうな地域だ。歩いている道もハイキングコースの感じがして楽しい。

道はやがて国道2号線に合流して登りの坂道となる。追分温泉の横を通り、日名内の信号を右に曲がり県道49号線に入った。予定では少し歩いてから左側の山道に入るのだが、その山道が見つからない。この後に辛くて怖い思いをすることになる。その時の苦労話は次の「田万里市」で記載することにする。

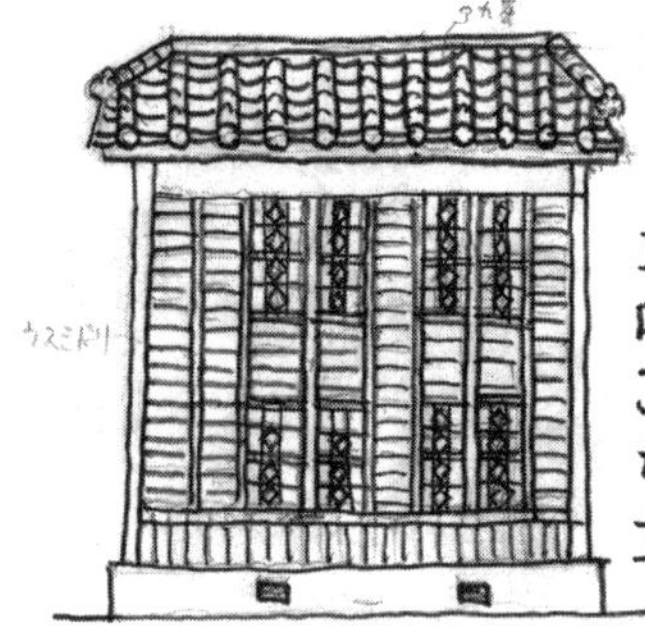

田万里市（間の宿）

田万里市　白い花々

田万里市

2017年5月13日

道を間違えて沈んだ気持ちの私に、田万里往還の静かな道は、旅人の心を取り戻させてくれた。木陰を通る風が心地よかった。

日名内上の交差点で国道2号線から離れて県道49号本郷大和線に入ると、右手には田んぼが広がっていて、田植えをしている最中だった。この登り道を4㎞ほど歩くと広島空港に着くことができる。「思えば遠くに来たもんだ」などと唄いながら、のんびりできたのもここまでだった。49号線から左側に入る山道があるはずだが、何故か見つからない。それらしき道に入るも行き止まりになっていたり、池があったりして先へは進めない。行っては戻ることを繰り返すうちに時間だけが経過していく。のどかな田植えの風景を見ているうちに正しい分岐点を見逃したらしい。その時は49号線の急な登り坂をかなり歩いてから引き返して、さらに付近を探し廻ったので1時間近く時間をロスした。やむを得ず日名内上の交差点に戻り、国道2号線を歩くことにした。楽しみにしていた山道を歩けないうえに、かなりの遠回りをしなければならない。そしてこの道が怖かった。国道だが歩道がない狭い道で大型車両の通行が多い。しかも下り道の左側を歩いたので、背後から私の横をトラックがすごいスピードで通り過ぎていく。右側通行をしたいのだが、通行車が多くて道を横断できない。生きた心地がしなかった。

それでも何とか湯坂温泉まで来ると国道2号線に並行して田万里川沿いに歩ける道がある。この道が本来の旧山陽道で「田万里往還」との案内表示があった。これ以外にもたくさんの案内板があるので助かる。その道に咲くアジサイに似た白い花を見ながら歩いて行く。旅籠跡があるので田万里市は間の宿だったようだ。暑い日だが、木陰の道なので通る風が心地よい。道を間違えて落ち込む気持ちを和ませてくれる。この楽しい道はやがて国道2号線に合流するのだが、ここでも私に試練が待っていた。

30 西条宿

西条　本陣

西条

２０１７年５月13日～14日

西条宿はまさに酒蔵の街だった。オレンジ色や赤い色の屋根に白壁の建物。さらにレンガの煙突が創り出す街並みは、「素晴らしい」の一言に尽きる。それにしても、よくこんなにたくさんの酒蔵が集まったものだ。

山陽道で西条宿に行くには、岩崎神社を過ぎたあたりで国道2号線を右側に入り、松子山浄水場方面へ進むのだが、その分岐点に道路工事の案内が出ている。工事中の道を歩けばいいくらいに軽く考えて通り過ぎた。１㎞ほど歩いて環境衛生センターまで来た時に、この先通行止めとの表示板が掲示してある。しかも歩行者も通行禁止と書いてある。強引に進もうかとも思ったのだが、そのような無法は許されない。この日はここに来るまでに、すでに道に迷って約1時間ロスしている上に、ここでさらに痛手を負うわけにはいかない。引き返すことにする。しかしここからが困った。国道2号線を迂回路として歩くことにしたが、その道を記載した地図を持っていないのだ。私は道路マップを必要部分のみ拡大コピーして持参しているのだが、歩こうとしている国道2号線は所持している地図の範囲から外れている。私にとって少しだけ幸運だったのは西条宿（西条駅）付近の地図の片隅に国道2号線がわずかに記載されていたことだ。西条駅とはかなり離れているのだが、成り行きで歩けばそこに着くだろうと思い、覚悟を決めて国道2号線を歩き出した。国道だから途中に西条駅方面の案内表示があることに期待した。約６㎞を地図がない状態で歩いたので危険な状況だった。このような時にスマホがあれば何の苦労もしなくてすむのだが。文明の利器の必要性を痛感した。日差しが強くて暑いが、焦りの気持ちがあるので、どうしても速足になる。30分ほど歩くと西条駅方面の案内表示を見つけ、その道を歩き、やがて手持ちの地図で確認できる地点に着いた。今日は運のない日だったと思いながらも安心する。この日の宿泊は西条宿で、「割烹ホテル一ぷく」に着いた時は、汗だくで疲労困憊の状態だった。道を間違えたり、工事中で通行できなかったりして散々な一日だった。むしゃくしゃした気持ちを晴らすために、長々と愚痴を書いてしまった。

この「割烹ホテル一ぷく」は高級料亭らしい。風呂に入って汗を流した後、旅館の広い食堂で静かに美味しい料理を食べながら、今日の一日を振り返る。汗をたくさんかいたのでビールが旨い。焦る気持ちが強くて必死に歩いたのだろう。この日のスケッチは5枚しか描けなかった。私は携帯電話を持たない主義なので、旅館に到着の遅れを連絡する手段を持たない。そのため、今日のように夕食付のプランの場合は何が何でも17時前後には到着しようとする。旅を味わうのではなく、ビールを旨く味わうために懸命に歩いたような一日だった。明日は余裕を持って歩こうと思いながら、ツツジがきれいに咲く庭を見ていた。

翌朝は朝食前に、西条宿を見ようと4時50分に起床。西条宿は酒蔵がたくさんあることで有名だ。少しでも早く街を見たくなり、じっとしていられない。でも旅館の入り口の自動ドアが開かない。出鼻をくじかれた気がしたが、一旦部屋に戻り50分後に再び入り口に行くと、ドアは開いたので外に出ることができた。まずは本陣跡を目指す。その途中に、白壁にオレンジ色の屋根でレンガ造りの煙突があるきれいな建物が目に付いた。煙突には「白牡丹」と書かれている。街道歩きをしているといろいろな建物に出会うが、酒蔵は昔からある古くて大きな建物が多く、さらにレンガの煙突があるので、素晴らしい景観を創り出す。この「白牡丹」はオレンジ色の屋根がモダンな感じをさせる建物だ。さて本陣（御

西条　酒蔵　白牡丹

茶屋）跡である。案内板によると江戸時代、ここ西条は「西条四日市」と称し、旧山陽道最大の宿場町として栄え有名だった。この宿場は重要だったので藩（浅野藩）が直営でこれをつくり「御茶屋」と称せられていた。建物は明治維新後に取り壊されたが、正門は賀茂鶴の当主が土地とともに払い下げを受けて保存してきたが、学者の考証と指導のもと復元したとある。まだ6時で人通りはほとんどない静かな朝の中、貫禄のある門を見続けていた。

一度旅館に戻り、朝食を食べてから出発。早く「酒蔵通り」を歩きたい。確かにこの通りに面した酒蔵の建物群は素晴らしかった。その中で亀齢酒造を描く。赤っぽい色の屋根に白い外壁。下の腰壁部分はなまこ壁で、壁の上の方には杉玉がぶら下がっている。背後にはレンガの煙突がそびえていて典型的な酒蔵の景色だ。これ以外にもいい建物がたくさん並んでいる。屋根はオレンジ色等の明るい色が多いの

30　西条宿

西条　亀齢酒造

で、全体的に明るい印象を受ける街だ。西条宿は酒蔵の煙突が街全体の雰囲気を盛り上げている印象深い街並みで、ここに暮らしてみたいと思ったほどだ。古い民家も多くて街道歩きの醍醐味はここにありと感じる宿場だった。昨日もう少し早く到着して、ゆっくりと全ての酒蔵を見て廻りたかった。いつか機会があればまた来てみたい。もちろん酒の試飲もしてみたい。

　西条宿を過ぎ、国道２８６号線から離れて飢坂（かつえざか）へと登って行く。峠の西側を飢坂と言う。江戸時代、飢饉の時に峠の西側のこの坂で多くの人が飢えで力尽きて亡くなったことが名前の由来らしい。また峠の東側では、飢饉の時に炊き出しをして人々を救ったと伝えられている。峠の両側に池があるが、ここはサイジョウコウホネの群生地で、峠で亡くなった人を慰めているとのことだ。花期は6月~9月とのことなので、まだ5月中旬だが気の早い花が咲いて

いるかと思い池を見たがよくわからなかった。近くに祠があったので、手を合わせた。花が添えられているので、地元でも大切にされている祠のようだ。今日の旅の安全をお願いして先を歩んだ。

31 海田宿

海田　千葉家住宅

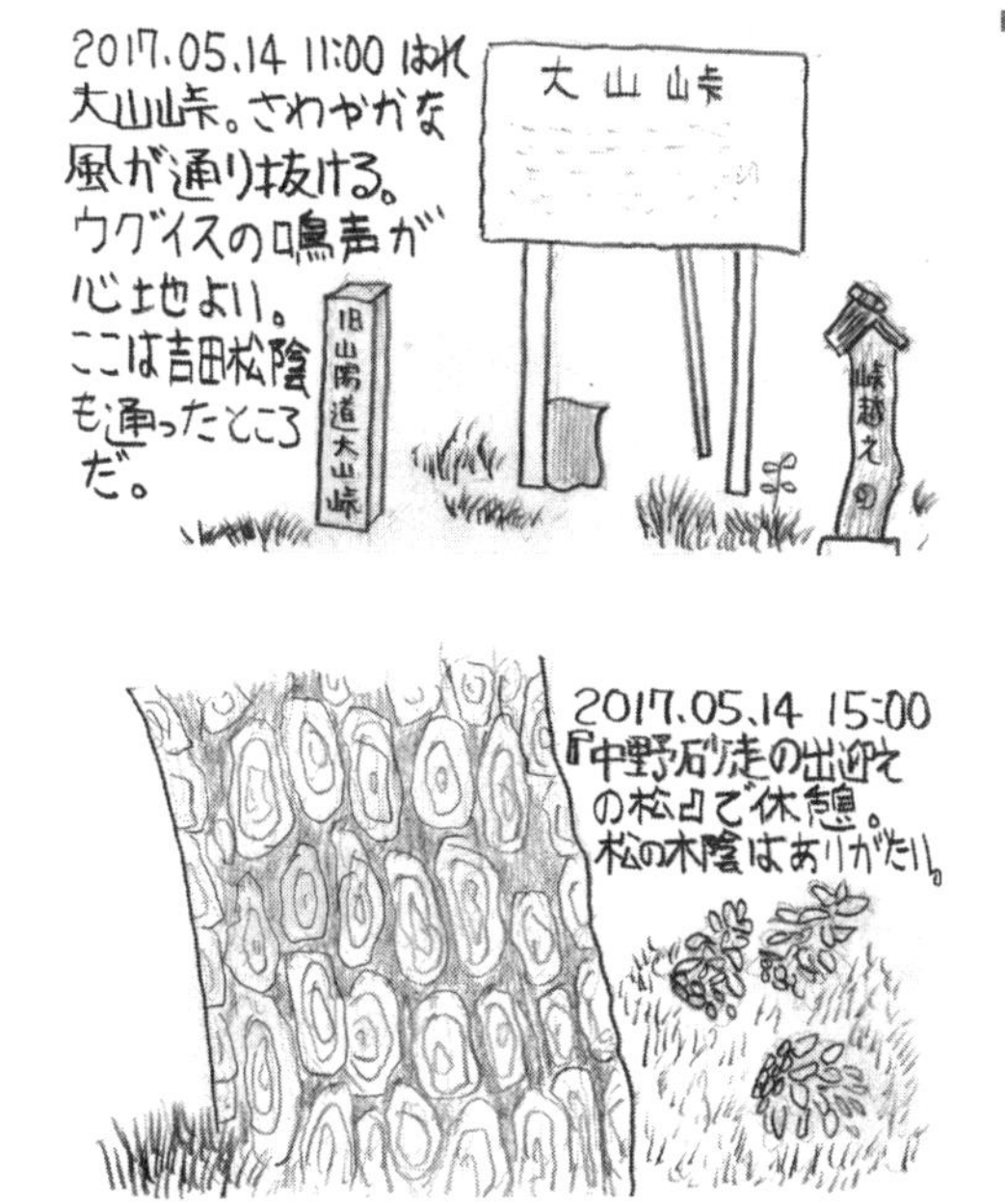

海田

2017年5月14日～15日

さわやかな風が通り抜ける大山峠を越えて海田宿に入った。そこにある千葉家住宅は貫禄十分で、まさに海田宿の顔だった。

飢坂の祠を後に、池の間を通り抜けて行くと国道486号線に合流する。八本松駅を過ぎてから国道を離れて左側の大山峠への坂道に入る。途中まで住宅街を歩くが、所々に案内表示があり助かった。そして私の好きな山道へと入って行く。江戸時代から変わらない街道の雰囲気が感じられ、ウグイスの鳴き声を聞きながら登って行く。大山峠に着くと案内板があり、ここは吉田松陰も通ったと記載してある。吉田松陰が最後にこの峠を通った時は犯罪者としてだったはずで、処刑されることを覚悟していたはずだ。どのような心境だったのだろうと考えてしまう。少し重苦しい気分になったが……通り抜ける風はさわやかで心地よい。それに峠まで来れば後は下るだけなので気分的にもほっとする。峠を下りて行くと山陽本線に突き当たる。正午に近いので腹が減ってきた。かろうじて日陰があるので、座る場所はないのだが立って昼食とすることにした。天気は良いし、好きな場所で好きな時間に昼食をするのは歩く旅人の特権だ。

ここからは山陽本線沿いの国道2号線を歩く。そして瀬野駅を過ぎた頃に国道2号線を離れて、瀬野川沿いの道を歩くことができるので、単調な車道歩きから解放された。山陽本線と並行するように歩いて行く。途中、中野東駅、安芸中野駅の横を通り、「中野砂走りの出迎え松」との名がある松並木に着いた。ここは参勤交代で江戸勤務を終えた藩主が、最後の宿泊地西条宿を発ち広島城下に向かう際、留守番役をしていた家臣達がこのあたりまで出迎えたことから由来する。海田宿はまだ先だが、松の下の木陰で休憩することにした。街道ではよく松並木を見かけるが、その理由がわかる気がする。松は枝を横に大きく張り出すので、たくさんの木陰をつくることができるからだろう。今日もそうだが、強い日差しの中を歩くと、木陰のありがたさがよくわかる。西条宿からの道は長かった。太い松の幹の下にころがる松ぼっくりを見ながら一息ついた。

16時少し前にようやく海田宿に着いた。海田宿は街道筋らしい漆喰の白壁の民家が多い。その中で千葉家住宅がひときわ目立つ。海田町のホームページによると、ここは御茶屋（本陣）や脇本陣に準ずる施設として要人の休泊に使われた。座敷棟は安永3年（1774年）に建築され、平成23年（2011年）に郷土の歴史文化の継承や学習に役立ててほしいと、千葉家から海田町に寄贈されたとのこと。そのおかげで今日我々が当時の歴史を学べるのはありがたいことだ。中を見学できるようなので、入ろうとしたら16時で閉館とのこと。でも10分ほどだが係の方が説明をしてくれた。畳敷の便所などがあり見所が多いらしい。このような建物がひとつあるだけで、街道らしい雰囲気を醸し出す。ぜひ明日来てほしいと言われた。暑い中を歩いてきたので疲れていたが、外観をスケッチする。明日来るのは無理なので、しばらくの間見続けた。この建物は貫禄十分で、まさに海田宿の顔だ。

32 広島宿

広島　原爆ドーム

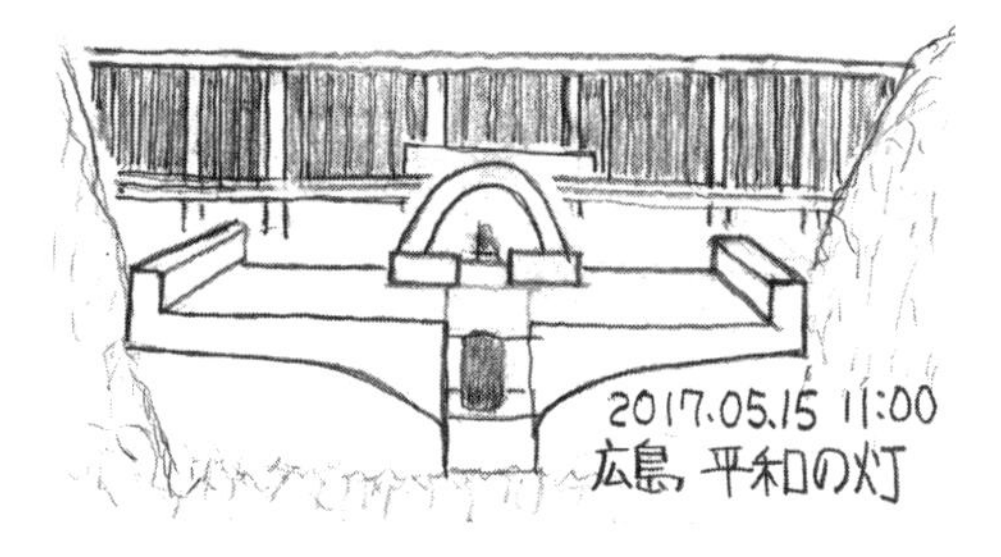

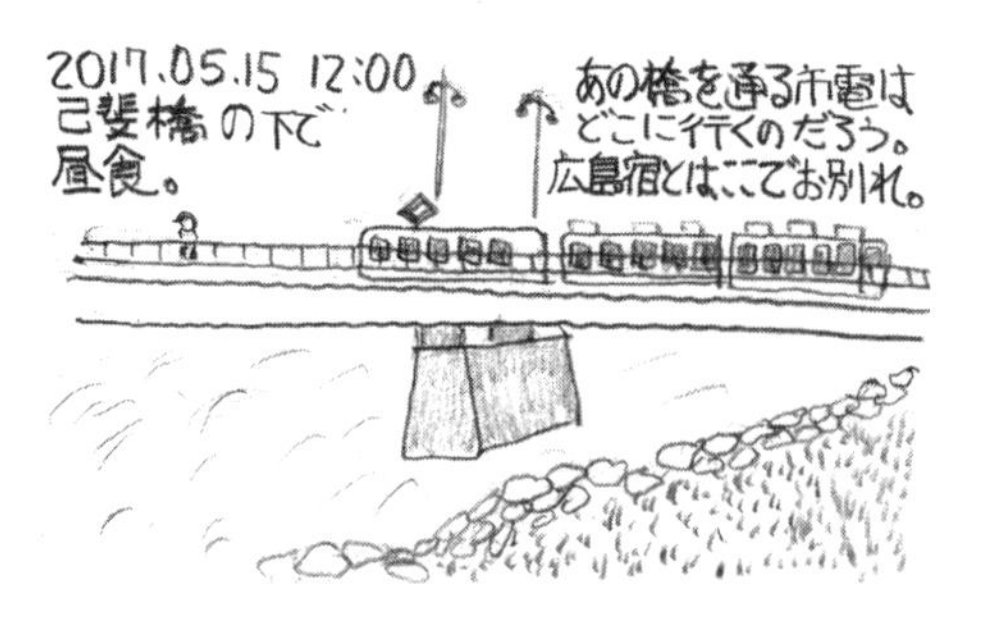

広島

原爆ドームは一瞬にして、山陽道歩き旅を忘れさせた。私は平和な時代に、このような旅ができることに感謝した。

２０１７年５月15日

昨日宿泊したホテルは禁煙部屋ではなかったので、たばこの臭いが気になりよく眠れなかった。広島宿へは１５１号府中海田線の細い道を行くが、車の通行が多くて、すれ違う時など気を使いながら歩いた。それでも船越峠を越えてから急に道幅が広くなり歩きやすくなる。ここからは山陽本線沿いに歩けば広島駅に着く。途中、広島市区役所でトイレ休憩をする。暑い中を歩いて来たので館内の冷房が心地よい。そして広島駅横の高架を渡り、広島市街を通って平和記念公園に着いた。私にとって3度目の訪問だ。

ここには原爆ドームがある。その周りには大勢の外国人旅行客がいて、真剣な表情で説明文を読んでいる。この建物は大正4年（１９１５年）広島県物産陳列館として竣工した一部鉄骨を使用した煉瓦造りの建物だった。昭和20年（１９４５年）８月６日８時15分に人類史上初めての原子爆弾が広島市街地に投下され、上空約６００ｍで炸裂した。この建物が全壊を免れた理由として、爆発の衝撃波を受けた方向がほぼ真上だったことなどが挙げられている。原爆ドームの存続には様々な意見があったようだが、広島市議会は昭和41年（１９６６年）に永久保存することを決議した。この原爆ドームと原爆死没者慰霊碑、広島平和資料館は一直線に配置されている。その直線上に立ち、平和の灯を見ていると厳粛な気持ちにさせられた。

原爆ドームからは、私が山陽道歩きの旅をしていることなど、一瞬にして忘れさせるほどの衝撃を受けた。今、私がこのような遊びをしていられるのも平和な時代だからこそだ。心から私は幸せな時代に、平和な国日本に生まれたことに感謝した。思えば毎日読む新聞でも、世界のどこかで起きている紛争の記事を目にしない日はない。日本はこの平和な日々がいつまでも続くように努力をしなければならない。

平和記念資料館には入らないでゆっくりと歩き出す。太田川放水路に架かる己斐（こい）橋を渡り、橋の下の日陰で昼食とする。広島市街やそこへ向かう市電を遠くに見ながら、広島宿は原爆による破壊で昔の街道筋の雰囲気はまったくないが、よくここまで発展したものだと思った。それは地元の人達が一丸となり、一歩一歩進んだ結果だろう。私の日本縦断歩きの旅も、一歩一歩の積み重ねでいつかは達成できそうな気がする。私はいい時代を生きていると思いながら、次の廿日市宿へと歩き出した。

33 廿日市宿

廿日市　草津　清酒醸造元小泉本店

廿日市

２０１７年５月15日〜16日

清酒醸造元小泉本店の建物は大きかった。赤っぽい色をした板壁が印象に残る。

西広島駅の横を過ぎ、山陽本線と広島電鉄宮島線に並行するように歩いて行く。広島電鉄は駅間が短いので、駅が頻繁に見られて楽しい。時折、昔の街道筋らしい雰囲気の街が現れるが、特に草津地区の清酒醸造元小泉本店はすごかった。赤っぽい色をした板壁と白壁が目立つ大きくて時代の入った建物だ。銘柄は清酒「みゆき」。パンフレットによると宮島厳島神社酒造所として御神酒を造っているとある。明治天皇の行幸を記念して「御幸(みゆき)」と命名した。機会があれば飲んでみよう。広島県一帯は酒造りが盛んで、厳島神社の祭神である市杵島姫命が、造酒の神とされていることからも、歴史の古さがうかがえるとのことだ。西条宿でもそうだったが、酒を造っている所は魅力的な建物が多い。これは単に私が酒好きだけの理由ではない。長年の伝統と歴史が建物に滲み出ていると解釈したい。

歩いている道は幹線道路ではないので、車の往来は少ないので落ち着いて歩いて行ける。八幡川を渡り光禅寺に寄る。「誓いの松」という枝ぶりのよい松を見ながら休憩する。今日も暑い中を歩いているので、日陰があればつい休みたくなる。この付近は街道筋の雰囲気が感じられるいい街並みだ。駐車場から松を見ていると、私の前に車が駐車してきた。他に駐車するスペースはいくらでもあるのだが、私を不審者とでも思ったのだろうか。首にタオルをかけて作業ズボンをはき、色落ちしたザックを背負い、手持ち無沙汰に暇つぶしをしているような恰好をしているので怪しまれたようだ。子供達の下校の時刻なので、大人達は気を配っているのだろう。追い立てられる感じで歩き出した。

廿日市駅に着いたのは16時頃。駅からは遠くの高台に天満宮が見える。その向こうは廿日市港だ。今日の旅はここまでとし、電車で宿泊するホテルのある新井口駅へと移動した。

34 玖波宿

玖波　宮島（厳島）

玖波（くば）

宮島は、大きな山容の島だった。瀬戸内海にはカキの養殖イカダが見えて、広島県の海沿いを歩いていることを実感した。

２０１７年5月16日

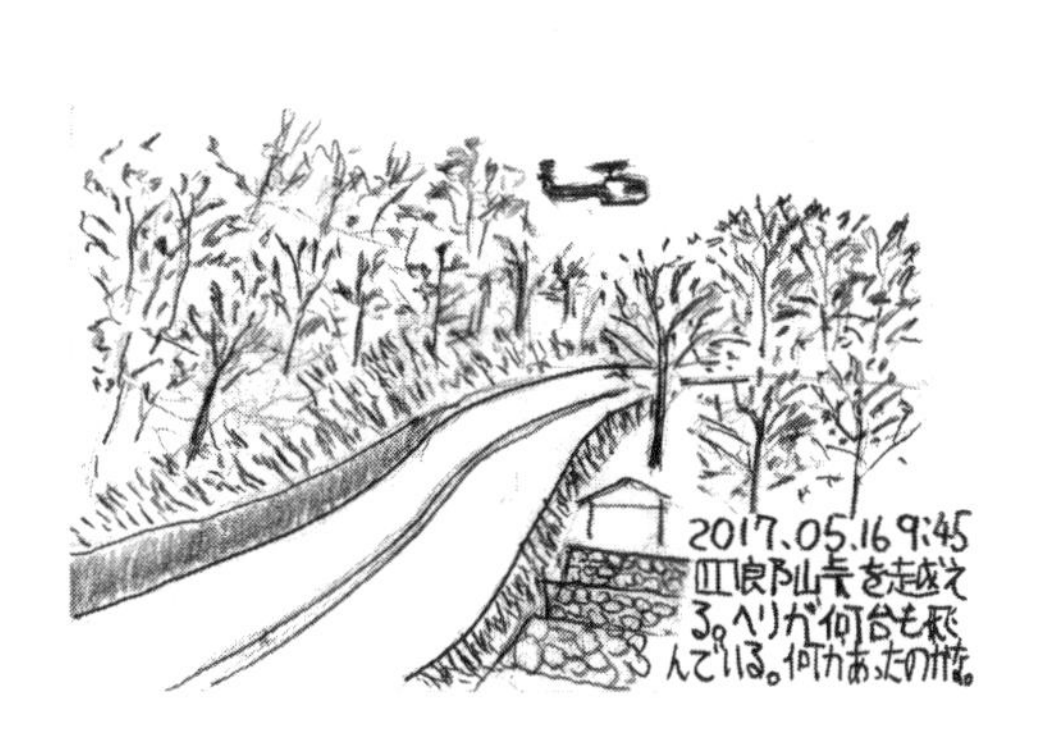

翌日は5時頃に起床。テレビでは岡山県矢掛宿の大名行列をアメリカで行ったと放映している。矢掛宿は町全体で山陽道の歴史を守る意識が感じられたが、私が思った以上に積極的なようだ。7時半頃にホテルを出発。新井口駅からJR山陽本線で再び廿日市駅にやって来た。8時に廿日市宿を歩き出す。県道30号線を歩き、畑口橋の信号を左に行くと四郎峠への登りとなる。車はほとんど通らない静かな道だ。ほどなく四郎峠に到着する。歩く旅をしていると、峠に着いた時はいつでも嬉しいものだ。着実に前に進んでいるのが感じられるし、何よりも後は下るだけだと思うので気持ちも体も楽になる。峠を越えると、上空を数台のヘリコプターが飛んでいる。何かあったのかなと思いながら先を進む。永慶寺川沿いに細い道を歩いて行くが、この道が静かですこぶるよい。昔の街道の雰囲気を感じさせる。もっとも私は昔の街道を知らないので無責任な言い方だが。双眼鏡でバードウォッチングをしながら、楽しい気分で道を下って行った。

11時半頃に大野浦駅に到着。腹が減ったのでここでベンチに座り昼食とする。ここまで歩いて来る間、常に左側に見える大きな山が気になっていた。どうやら宮島のようだ。宮島には2度行ったことがある。2度目には厳島神社を見て、宮島の最高峰である弥山に登った。その時は天気がよくて四国の山々まで見ることができた。ここから見える頂上はその弥山だろうか。大野浦駅を出て、海を眺めながら歩くうちに国道2号線に合流し玖波駅に到着。古い民家は少ないが、街道の雰囲気が漂う街だ。宮島には今回は寄らないが、海を隔てて改めて見ると実に立派な山容をしている。安芸灘に浮かぶ島々の手前に見えるのはカキの養殖イカダだろう。広島県の瀬戸内海沿いを歩いていることが実感できる。でもこの季節はカキを食べるのは無理だろうなと思いながら玖波宿を通って行った。

35 関戸宿

関戸　岩国城

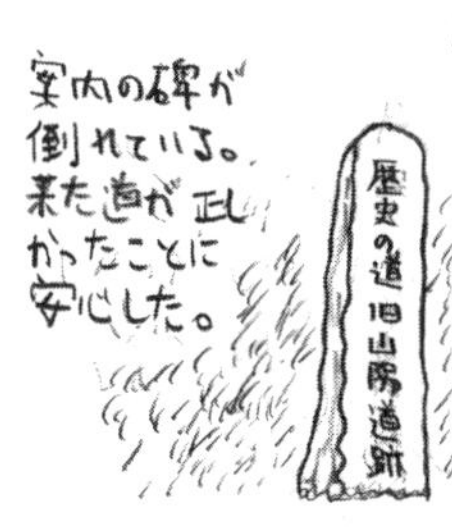

関戸

2017年5月16〜17日

「末岡旅館」の配慮はありがたかった。そのおかげで、岩国城と錦帯橋のすごい景色を部屋から堪能することができた。

玖波宿を後に山陽本線と並行して歩いて行く。大竹市役所を過ぎて小方小前の信号を右に入り住宅地の坂道を登って行く。住宅もなくなり山陽自動車道がはるか下に見える所まで来たのだが、果樹園があり「果樹園が荒れるので通行は困る」との表示がフェンスに掲げられている。ここからが「苦の坂」という面白そうな山道なのだが。ここから先は私道なのだろう。遊びで歩いている私が、地元の方に迷惑をかけてはいけない。潔く引き返すことにする。再び小方小前の信号まで戻り、国道186号線で迂回することにした。この迂回ルートは手持ちの地図で確認できたのが救いだった。大幅に時間をロスしながらも古瀬川沿いを歩いて、本来の山陽道である両国橋に到着する。地図を見るとこの橋が広島県と山口県の県境のようだ。ついに本州の最西端の山口県に入った。そして古瀬峠への山道を登り始めた。地元の年配の方がいたので、この道で岩国方面へ行けるかと聞くと、新しくできた道の方が早いという。地図で見ると確かに県道1号岩国大竹線があるのだが、約1㎞のトンネルを通過しなければならないのでやめておく。薄暗い坂道を登って行くと、草地の斜面に旧山陽道の表示が朽ちて倒れているのを見つけた。この道が旧道で間違いないようだ。もう16時を過ぎているので急がなければならない。急な坂道を急いで登ったので、古瀬峠に着いた時は息が切れていたがほっとした。ここからは軽快にというより、走るように道を下りる。やがて関戸宿の家並みを通り過ぎて国道2号線に合流した。

今日宿泊する錦帯橋近くの「末岡旅館」を目指して歩く。錦川の向こうに見える錦帯橋がきれいだ。錦川がゆっくり流れているせいだろう。川面にも錦帯橋が写っている。17時半頃に「末岡旅館」に到着。予約した部屋と違い、錦帯橋と岩国城が望める部屋に変えてくれるとの申し出があった。嬉しい心遣いに感謝する。

部屋からは錦帯橋と岩国城がよく見える。風呂から上がり、山の上にある岩国城を見ていると、日の入りの直後で山の縁がオレンジ色に染まり、藍色の空に浮かぶ雲もオレンジ色ですごい景色になった。やがてオレンジ色の雲は藍色に変化していった。一日で一番きれいな時間の景色がこの時ではないだろうか。大袈裟ではなく、感動に打ち震えた一瞬だった。

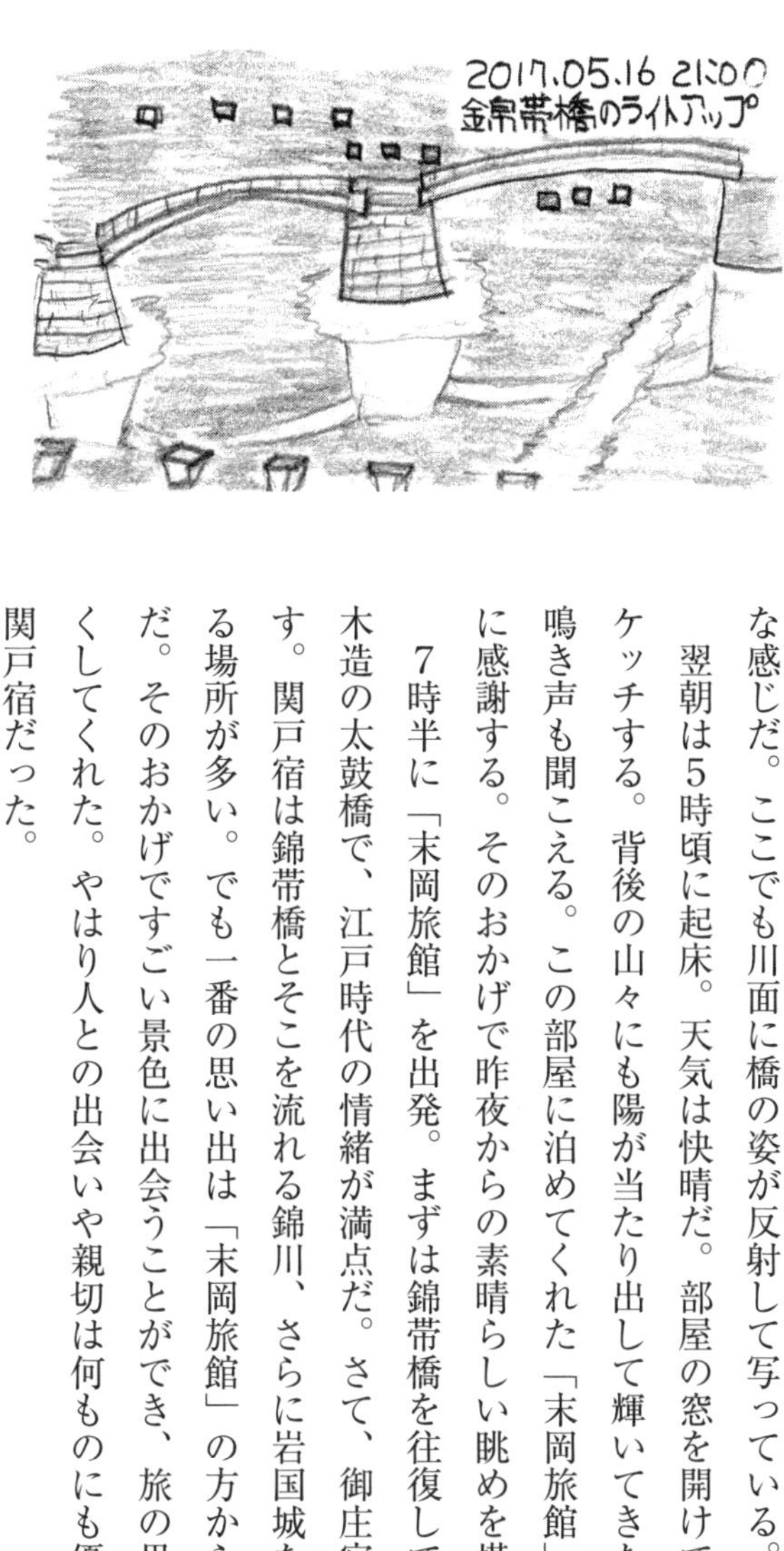

夕食後に部屋に戻り、窓から下を見るとライトアップした錦帯橋が浮かびあがっている。なかなか幻想的な感じだ。ここでも川面に橋の姿が反射して写っている。

翌朝は5時頃に起床。天気は快晴だ。部屋の窓を開けて、錦帯橋をスケッチする。背後の山々にも陽が当たり出して輝いてきた。ウグイスの鳴き声も聞こえる。この部屋に泊めてくれた「末岡旅館」の方には本当に感謝する。そのおかげで昨夜からの素晴らしい眺めを堪能できたのだ。

7時半に「末岡旅館」を出発。まずは錦帯橋を往復して渡ってみる。木造の太鼓橋で、江戸時代の情緒が満点だ。さて、御庄宿に向け歩き出す。関戸宿は錦帯橋とそこを流れる錦川、さらに岩国城など見応えがある場所が多い。でも一番の思い出は「末岡旅館」の方から受けた気遣いだ。そのおかげですごい景色に出会うことができ、旅の思い出を一層深くしてくれた。やはり人との出会いや親切は何ものにも優る。大満足の関戸宿だった。

関戸　錦帯橋

実は錦帯橋を渡っている時に少し迷っていた。今日が今回の旅の最終日で、次の御庄宿には9時半頃に到着する予定だ。そこから新幹線で帰宅するつもりだった。でも岩国城まで行ってみたいと思い始めた。結局、岩国城へは行かないで、帰宅したのだが、その理由は自宅が一番くつろげる場所なのでできるだけ早く帰りたいからである。楽をすることが選択肢にあると、ついそちらに流れてしまう弱い自分がいた。「楽しむ」と「楽をする」は同じ「楽」という文字が入っているが、その意味するところはまったく違う。「楽しむ」の方を意識して生きていかなくてはいけない。

36 御庄宿

御庄　竹林

御庄

2017年5月17日・6月1日

御庄は竹林の多い、山間の街だった。欽明路峠で道に迷ったことも、終わってみれば楽しい思い出だ。

関戸宿を後に、国道2号線を錦川沿いに歩き御庄宿を目指す。岩国インターチェンジの信号で国道2号線と別れ、錦川に架かる御庄大橋を渡ると9時に新岩国駅に到着した。今日も暑いので汗をかいたが、駅の構内は涼しいので一息ついた。新岩国駅は新幹線の停車駅なので、今回の旅はここまでの計画としていた。帰りの新幹線では、車窓から今回の旅で歩いた道や川が時折見える。そのたびに歩いた時の記憶がよみがえる。まだ10日以内前のことだが、はるか昔の出来事のように感じられた。

6月早々に旅を再開した。山陽道を歩く旅も今回が最後で、小倉までを予定している。東京駅を6時40分頃出発の新幹線に乗車して、新岩国駅には12時頃に到着。まだ歩く前だが、さすがに乗りくたびれた。昼食は途中の広島駅の新幹線ホームで蕎麦を食べたのですぐに出発する。御庄宿はあまり古い建物はないようだ。御庄は山合の街で、山陽新幹線や山陽自動車道が見えているのだが、歩くにつれすぐに山に吸い込まれるようにトンネルで隠れてしまっている。県道1号線を歩いて行くと柱野駅の横を通る。そしてJR岩徳線と並行するように歩いて行くと、やがて欽明路道路に合流する。この辺りは竹の産地らしく、よく管理された竹林がある。また山の麓は竹林が多いようだ。いつの間にか岩徳線もトンネルに入ったのか視界から消えていた。中峠を越えた頃、欽明路道路から分かれて左に入り、欽明路峠へと登っていく。峠付近で道は分岐しているが、どの道を行けばよいのか分からなくなった。ここで20分くらい付近の道を確認のために散策した。でも心強かったのは、ここに手書きの旧山陽道の表示があったことだ。山陽道を歩く有志の方が設置したのだろう。ありがたいことだ。少なくともこの地点は旧山陽道で間違いないのだ。一つの道を行っては戻ることを繰り返したが、落ち着いて正しい道を見つければよいので、迷うことを楽しんだ。結局は最初に行った道が正しかった。言い訳になるが、私が持参している3万分の1の地図のコピーが不鮮明なことに加えて、私の視力が衰えてきたので、地図を見極めるのが少々つらい。何はともあれ、無事に欽明路峠を通過した。

37 玖珂本郷宿

玖珂本郷　菅原神社

玖珂本郷

2017年6月1日～2日

欽明寺からの道を下っていくと、お百姓さんがひとりで、小さな田んぼで田植えをしていた。日本の原風景を見た気がした。

道を間違えながらも、何とか欽明寺に着く。道を間違えるなど、旅での思わぬ出来事は、終わってみれば旅の思い出に残るので悪いことばかりではない。欽明寺は白い壁の山門とオレンジ色をした手すりが印象的だ。寺を後に道を下りて行くとＪＲ岩徳線が見えてくる。そこではお百姓さんが小さな田んぼに一人で田植えをしているところだった。小さな田んぼなので自家用だろうか。何か日本の原風景に出会った気がした。私はいい季節を旅している。欽明路駅を過ぎて道なりに歩き、玖珂駅に着いたのは16時頃。電車を待つ間、駅の窓から咲き始めたアジサイを見ていた。今日から6月だ。これからはこの花も旅の主役のひとつになる。玖珂駅から岩徳線で今日の宿泊地の岩国駅へと移動した。

翌日は8時に岩徳線で再び玖珂駅に到着。天気は晴れ。昨日は感じなかったのだが、駅を過ぎてから玖珂本郷宿では古い民家をよく見かけるようになり、昔の街道らしさを感じ出した。また田んぼが多くて明るい感じのする街である。菅原神社に寄る。やはり牛の像があり、狛犬もある。菅原神社のオールキャストの勢ぞろいといったところか。旅の安全を祈願して、気分よく高森宿へ歩き出した。

38 高森宿

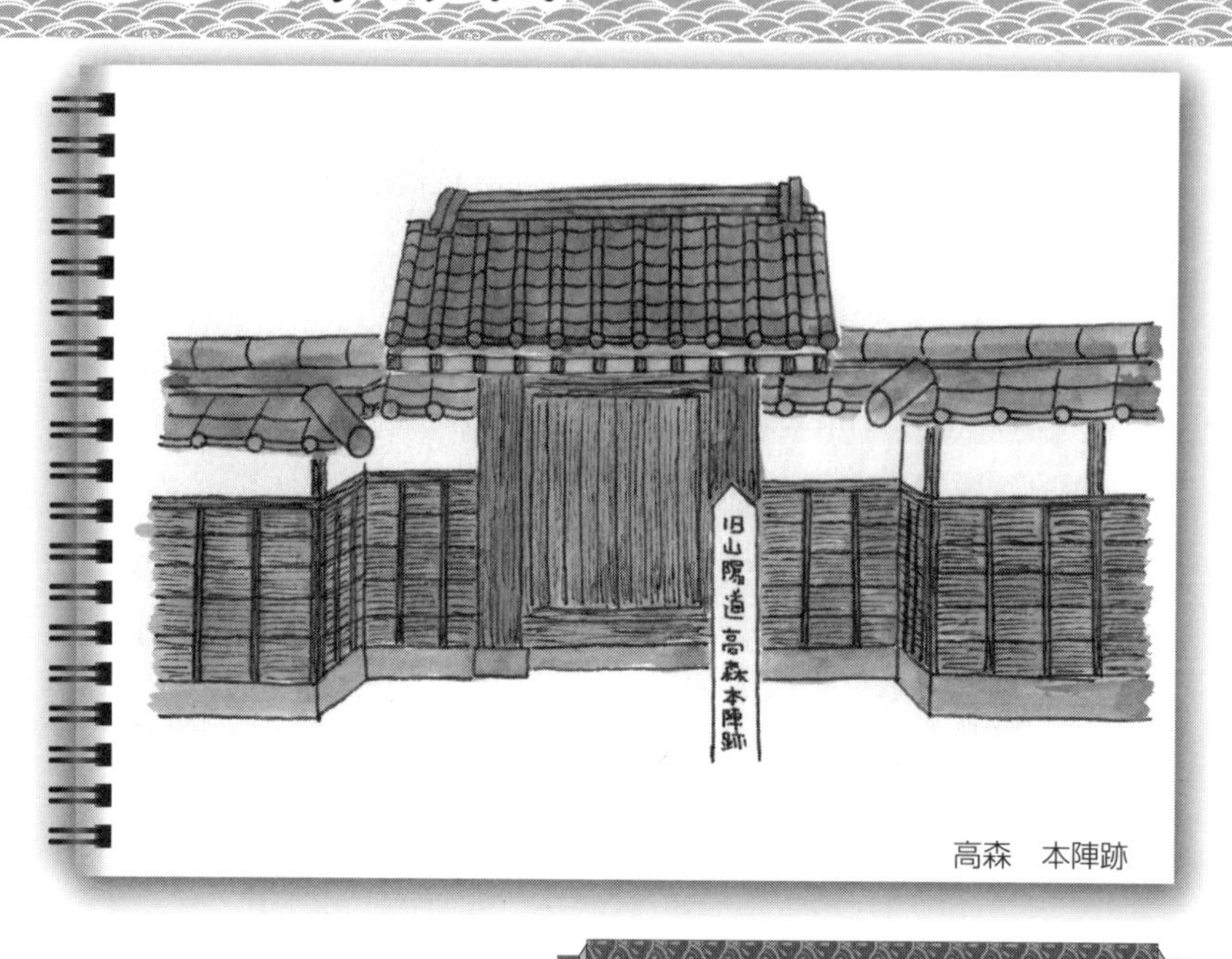

高森　本陣跡

高森

２０１７年６月２日

ここは作家・宇野千代の出身地だ。文学碑には、「その高森の廣い往還を思い出すたびに、なぜあの山奥に、ふいにあんな美しい町並みがあったのか不思議に思う」と彫られている。その通りの高森宿だった。その後、島田川沿いの土手道を歩いたのだが、やがて道がなくなり、藪の中をかき分けるように進んだのには参った。

昨夜は雷が鳴り天気が心配だったが、今日はいい天気だ。田んぼの向こうの林からはホトトギスの鳴き声が聞こえてくる。高森宿の本陣跡には9時半頃に到着。暑いのでどこか日陰がないか探しながら歩くと、岩国市出身の作家・宇野千代の文学碑がある。「その高森の廣い往還を思い出すたびに、なぜあの山奥に、ふいにあんな美しい町並みがあったのか不思議に思う」と彫られている。その下には当時の風景が描かれたプレートがはめ込まれている。その面影が感じられる高森宿である。古い建物があり、明るい感じのするいい街だ。それを一言で表現する文学界の巨匠の簡潔でわかりやすい文章に感じ入る。今日も暑いので、文学碑を見ることを言い訳にして、しばらく木陰で休んでいた。そして考えた。宇野千代と言えば華麗な結婚、恋愛遍歴が有名な大作家だ。その人生には迫力がある。それに比べて私の生き方のなんと地味なことか。まだ始めて間もない日本縦断歩き旅だが、この記録をぜひとも本にして、私の生き方を少しでも迫力あるものにしたい気がしてきた。人生は一度きりなのだから。休憩をして元気になり、気分も高揚してきた。暑さに負けている場合ではない。

少し歩くと高森天満宮がある。朱塗りの柱の鳥居が目立ち華やかな感じの天満宮で、周防三天神のひとつである。その近くには島田川が流れていて天神橋が架かっている。朱塗りの橋で山陽道を盛り上げている感じだ。背後の山々もきれいだ。赤色と緑色は補色の関係なので、色の組み合わせ

高森　天神橋

がよく似合っているのだろうか。日光の神橋などもそうだが、朱塗りの橋は山や木々の緑に囲まれている所に架けられていることが多いと思う。

　ここからは車道の県道144号線に並行して島田川の土手道があるので、そちらを歩くことにする。そして橋があったので144号線とは反対側の土手道を歩くことにした。この気まぐれが大失敗だった。歩いているうちに道がなくなってしまったのだ。近くには橋がないので対岸には行けない。またこちら側の道を歩き出してから30分くらい経過しているので、引き返すこともできない。途中には橋がなかったはずだ。引き返すと大幅な時間の無駄になる。行く方向だけは合っているので、藪と草地をかき分けるように進んだ。もうこれ以上は無理だと思い、隣接する田んぼに下りて畦道を歩くことにした。その畦道を壊さないように注意して歩き、何とか農家の集落に着いた時はほっとした。それから集落を通り抜けて、県道144号線に戻ろうとして東橋まで来たが工事中で渡れない。その先に架かる野堀橋を渡り、ようやく144号線に復帰することができた。教訓として、川に並行して歩く場合は橋の位置を把握し、川のどちら側を歩けばよいのかを事前に地図を確認して見極めなければならないことを学んだ。

39 今市宿

今市　正覚寺

今市

正覚寺では岩の斜面がくり抜かれていて、その中に石仏が並んでいた。黄色い岩壁と閻魔大王に似た石仏が印象に残る。

2017年6月2日

島田川に沿って県道１４４号線を歩いて行くが、差川集会所付近から右側の県道１４２号久杉高水停車場線に入る道が山陽道だ。しかしこの道が細いのと、太い道路の１４４号線が島田川に沿って直進しているので、この分岐点を通り過ぎてしまうところだった。それでも半信半疑で歩いて行くと「久杉高水停車場線」の表示を見つけて安心して歩き出す。正しい道とわかれば車の通行はほとんどないので、街道歩きの気分が味わえる静かな道だ。やがて山陽本線が現れて、並行するように歩いて行く。

正覚寺に着いたのは12時頃。本堂の階段に座って昼食のおにぎりを食べていると、「ここの寺の関係者は留守ですか」と尋ねられた。首にタオルを巻いて作業ズボンをはいた私の姿を見て、この寺の作業員と思ったようだ。私の座っている場所のすぐ横には、本堂の庇の柱を固定する樽の形をしたコンクリート製の台座がある。「大正五年丙辰五月」と書かれている。大正5年というと、１００年以上前だが、この台座はそこまで古くはないので、不思議に思って眺めていた。本堂の裏には黄色い色をした岩の斜面にくり抜かれた穴があり、たくさんの石仏が安置されている。閻魔大王のような石仏もある。手前の草地には紫色の花が咲いていてきれいな景色だ。正覚寺を出発して少し歩くと今市宿（高水駅）に着いた。街道筋の雰囲気は残っていないが、明るく開けた街という感じだった。

40 呼坂宿

呼坂　本陣跡

呼坂

2017年6月2日

呼坂宿では何といっても本陣跡に建つ旧家だ。白壁と杉の焼き板の腰壁でできた大きな妻面が印象に残る。それ以外にも古い民家が多くあり、いい街並みを構成していた。

今市宿（高水駅）から約1㎞歩くと、次の宿場である呼坂宿に着く。そこの本陣跡には白壁と杉の焼き板の腰壁がある大きな旧家があった。妻面が道路に面していて、出窓がいい感じで配置されている建物だ。私はこの建物のような漆喰の白壁と杉の焼き板壁の建物が好きだ。白色と茶色、それに屋根瓦の灰色の組み合わせが実によくマッチしている。日本の城もこの組み合わせが多いし、蔵や寺社にもこの色の組み合わせをよく見かける。もっとも寺社の木材部分は、当初は彩色されていたが、長い年月を経てこげ茶色に変色したものだが。大きな妻面を見ていると、その内部空間は町屋造りのように、天井が吹き抜けた世界が展開されているのだろう。私は奈良県の奈良町に2年間暮らしたことがある。その時は週末ごとに奈良や京都の寺社や町屋を毎週のように見て廻った。その時に受けた影響のせいか、このような建物を見ると、つい立ち止まってしまう。

さらに歩いて行くと、古い民家も通り沿いにたくさん見られ、昔のままの雰囲気が感じられるいい街並みだ。呼坂宿を歩きながら、前の宿場の今市宿との距離があまりに短いことを不思議に思っていた。大きな川などがある場合は、川止めに備えて宿場間の距離が短くなることはあるが、ここでは大きな川などはない。その理由を考えながら歩くも、ついに答えは見つからないまま、呼坂宿を過ぎ国道2号線へと合流した。

41 久保市宿

久保市　通学路

久保市

2017年6月2日

久保市宿に入ってから道を間違えた。成り行きで、人の流れについて行ったのが失敗だった。「錯覚いけない、よく見るよろし」将棋の升田幸三九段の有名な言葉を思い出した。教訓として、事前に地図を把握して歩き、分岐点では必ず地図を見て、自分の頭で判断して道を選ばなければいけない。それを怠ると痛い目にあう。

国道2号線を歩き周防久保駅前を通り、ＪＲ岩徳線を横断して久保市宿に到着。いい感じのアトリエ風の建物があるが、他にはあまり古い建物はないと思いながら西蓮寺付近に来た。小学生の一団が大勢歩いている。男子も女子も赤い帽子をかぶっていて、皆リュックを背負っているので、遠足の帰りと思われる。何も考えないで、その小学生達の後をついて行ったのが間違いの始まりだった。道幅は広いし、まさか自分が間違った道を歩いているとは思いもしなかった。その後、生徒達は各人が自分の家に着いたからだろう。段々と減ってきて誰もいなくなってしまった。そうしているうちに道幅の広い車道が見えてきた。これが山陽道かと思ったのだが、何かがおかしい。あるはずの岩徳線が見当たらないのだ。手持ちの地図で現在地点を探すがよくわからない。道幅の広い道路まで行くと信号があり「川瀬」との案内表示がある。地図で探すと県道63号下松田布施線に出たようだ。ここから山陽道に行くには久保中学校の横を通って１㎞以上歩かなくてはならない。それにしても山陽道の旅ではよく道を間違える。そんなわけで久保市宿の街並みは半分くらいしか歩かなかったようだ。教訓を得た。「錯覚いけない、よく見るよろし」は将棋の升田幸三九段の有名な言葉だ。常に地図をよく確認して歩かなければいけない。再び久保市宿に戻ることはしないで、国道2号線と岩徳線を横断して先へと歩いた。

42 花岡宿

花岡　花岡八幡宮　多宝塔

花岡

2017年6月2日～3日

花岡八幡宮の多宝塔は素晴らしかった。石段の一番上に座り眺めているうちに、花岡宿を代表する1枚はこれだと思い、スケッチをした。そして石段を降りて、駅に向かおうとして何気なく横を見ると、龍のような、亀のような形をした石物がある。実にユーモラスな姿をしている。これで花岡宿を代表するものは、2枚になった。これも描くことにした。

花岡　花岡八幡宮　亀石

花岡宿へ向かってJR岩徳線と並行して歩いて行く。当初の予定では、この日の旅は生野屋駅までだったが、明日の行動を少しでも楽にしたいと思い、ひとつ先の周防花岡駅まで歩くことにする。花岡八幡宮付近まで来ると、昔からの雰囲気が感じられる民家や店舗が見えてきた。花岡八幡宮に着いたのは16時少し前で、久保市宿で道を間違えたこともあり、早歩きで来たので少し疲れていた。暑い中を歩き続けたので、神社の日陰で休もうと思い鳥居をくぐり石段を登って行く。その途中に多宝塔があるのだが、これがなかなかいい。石段の一番上に座って休憩を兼ねて眺めていた。屋根は二層の柿葺でいい姿だ。もう夕方に近いので涼しくて心地よい。しばらく座っていたいので、スケッチをすることにした。

私は街道を旅する時は、宿場ごとに1枚はスケッチを残すことを意識している。時折だが、一日で宿場を代表する光景はこれだと直感することがある。

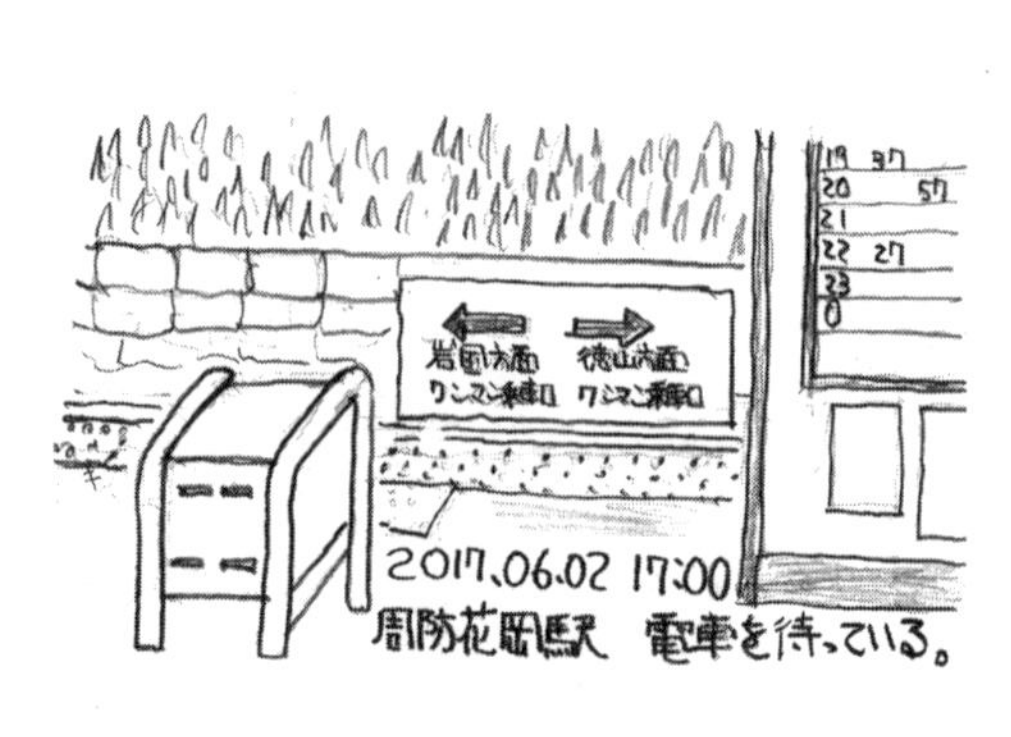

それは建物、風景、道端の花、足元を横切るカエルなど題材は様々だ。後になってその絵を見ると、その時の光景や、その瞬間に何を思ったかなどを鮮明に思い出すことができる。この花岡八幡宮で、石段の一番上から多宝塔とその横にある鳥居、手前にある松の木を見た時、花岡宿を代表する1枚はこの景色だと思った。その多宝塔を描いて満足して石段を下りる。そしてもう16時半なので今日の旅はここまでにしようと思い、周防花岡駅へと急ぐことにした。そして何気なく左側を見て驚いた。そこに龍のような、あるいは亀のような形をした石物がある。亀石という。背中には石碑を乗せている。何ともユーモラスだ。石碑の重みでびっくりしているような表情をしているのが面白い。少し前に多宝塔が花岡宿を代表する景色だと書いたが、この亀石も負けてはいない。花岡宿を代表する絵はこれで2枚になった。案内板には亀石の由来や碑文が書いてあるが、疲れているので手帳に書き留める気になれなかった。このような時はデジカメ等に写しておけばよいのだが、スマホやデジカメを持たない旅の不便を感じた。

花岡八幡宮を後に周防花岡駅に着くと、授業を終えたらしい女子高校生達が大勢いた。彼女達は自由自在にスマホを使いこなしている。私は時代に置いてきぼりにならないようにしないといけない。ＪＲ岩徳線の赤い色をした電車で、今日宿泊するホテルがある徳山駅へと向かった。この岩徳線は岩国駅から櫛ケ浜駅（運行上は徳山駅）に至る鉄道である。昨日から今朝にかけては玖珂駅から岩国駅を往復した。この山陽道の旅

2017.06.03 8:05 周防花岡駅 徳山駅から乗車してきた。今日の旅の始まりだ。
岩徳線に乗るのもこれで終わり。1両編成である。

では歩くだけでなく、このようなローカル線に乗車するのも、旅の醍醐味のひとつだと思う。

翌朝は5時に起床。ホテルで朝食を終えて、徳山駅からＪＲ岩徳線に乗り再び周防花岡駅に向かう。岩徳線に乗るのもこれが最後だ。周防花岡駅には8時頃に到着。岩徳線と並行するように歩き出す。途中から、末武川沿いに歩いて行く。今回の旅では御庄宿を出発してから、常に行動を共にしてきた仲間のような岩徳線だが、このあたりから離れて行くようだ。

この日も天気は晴れで暑い。9時に順王寺で休憩する。赤色や紫色をしたサツキがきれいだ。鐘楼を見ていると心地よい風が通り抜けて行く。

43 徳山宿

徳山　徳山駅付近でドクターイエローを見る

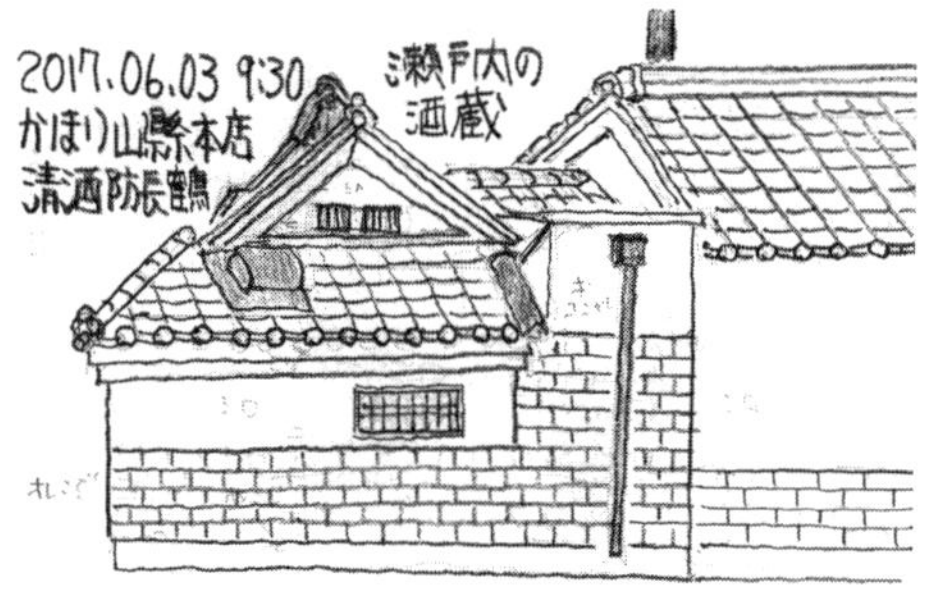

徳山

徳山宿は漆喰の白壁の家がある一方、コンビナートの煙突や港があり、昔と現代、商業と工業とが一体となったような街だった。

２０１７年６月３日

徳山宿に向けて歩いていると酒蔵が見えてきた。「山縣本店」と書かれている。白壁にオレンジ色のレンガ模様の腰壁がアクセントになっていてきれいな建物だ。酒蔵の建物はいつ見ても絵になる風景だと思う。銘柄は「かほり」で、いつか飲む機会があるかもしれないので覚えておこう。

やがて広い通りに出て、そこに遠石八幡宮があるので寄る。パンフレットによると、「推古天皇三十年（622年）の春、「この地に跡を垂れ国民を守らんとここに顕わる」との宇佐八幡大神のお告げによりご神霊を奉安し、和同元年（708年）にこの地に社殿を造営したのを創建とする」と書かれている。鳥居をくぐり石段を登って行くと神門、本殿など皆立派な造りだ。今日の旅の安全を祈願する。ここは高台なので徳山のコンビナートが鳥居の向こうによく見える。スケッチをしていたら男性に声をかけられた。「ドクターイエローを狙っているのですか」と言う。あと20分後に通過するとのことだ。ドクターイエローとは新幹線の線路等を点検する車両のことである。彼の話によると、私の立っているこの場所は鳥居の背後を通過する新幹線を撮影するのに最高のポイントらしい。彼にこの場所をゆずる。鉄道ファンは「撮り鉄」、「乗り鉄」や「車両鉄」等の言葉があるように、いろいろな楽しみ方をしているが、このような「撮り鉄」の中でもさらにマニアックな世界があるようだ。カメラをセットし始めた彼と話をしている間にも、新幹線が頻繁に通過して行く。確かに、鳥居の向こうに広がるコンビナートの複雑な形状をした建物群を背景に新幹線が通過する様子は、大昔から現代への発展を感じさせる写真になりそうだ。その後、徳山駅付近の新幹線高架下で石塔とアジサイをスケッチしていたら、ドクターイエローが高架をゆっくりと通過して行った。車両の色や窓の配置が一般の新幹線とはまったく違う。この車両の写真を撮りたい彼の気持ちが少し理解できた。

徳山駅前を通り過ぎて富田宿へと向かう。徳山はコンビナートで発展した街なので、この付近では昔の街道の雰囲気は残っていない。でも、海沿いに建つコンビナートの煙突やプラント施設には強い印象が残った。徳山は昔と現代、商業と工業とが一体となったような街だった。

44 富田宿

富田　山崎八幡宮

富田

２０１７年６月３日

山崎八幡宮でも、花岡八幡宮で見たような亀石があった。甲羅はゴツゴツして、爪は鋭い。その姿は、子供の頃に映画で見た、「怪獣ガメラ」に似ていた。私はガメラのモデルは、これではないだろうかと思った。

道なりに歩いて富田宿にある山崎八幡宮に12時半に到着。ここで昼食とする。大きな常夜燈が目立つ。この山崎八幡宮はオフィシャルサイトによると、現在の社殿は明治9年（1876年）に再建されたもので、明治4年（1871年）に郷社となり、昭和5年（1930年）に県社に昇格した。江戸時代には、徳山藩主の御祈願所として、歴代の藩主が社参して崇敬したとある。そして、ここにも花岡八幡宮にあったような亀石があった。私が小学生の頃に怪獣ガメラが登場する映画が上映された。その怪獣ガメラを思わせる姿だ。ガメラのモデルはこれではないだろうか。当時は「ウルトラQ」や「ウルトラマン」などの怪獣番組がテレビ放送されていた。私はそれらの多々ある怪獣の中でも、ガメラが一番強いと密かに思っていた。一般に寺社を見た時は社殿や山門、仏像などに目がいくのだが、私は狛犬やこのような石物に関心をいだく癖があるようだ。数多くの石物を見てきたが、亀石は強い印象を私に残した。

富田宿だが、あまり昔からあるような古い民家はなくて、徳山宿から続くコンビナートの街という感じだ。私は下水道処理施設を建設する設計や現場監理の仕事に携わっていたことがあり、コンビナートのようなプラント施設を見ると、どうしても興味を持ってしまう。配管類や煙突が複雑に組み合わさっている構築物が海側に続いている。それは日本の重工業を支えた姿だ。それにしても、山崎八幡宮の亀石はよかったなあ。

45 福川宿

福川　福川港

福川

２０１７年６月３日

強い日射しの中、福川港に寄り、漁船を見ていた。白い船体の横に浮かぶ鮮やかなオレンジ色の浮きが印象に残っている。海の青さも加わり、強烈な原色の世界に居るようだった。

山崎八幡宮を後に歩みを進めていくと、山陽本線が左側に見えて並行して歩くようになる。右手側に南陽工業高校が見えてきた。この高校は広島カープに在籍した津田投手の出身校ではないだろうか。「炎のストッパー」と言われていた人だ。私は南陽工業高校が甲子園に出場して、彼が投げているのをテレビで見ていたことを思い出す。私は広島カープのファンではないが、ほとんどストレート一本で勝負する印象に残る投手だった。またあの頃の広島はいいピッチャーがそろっていて強かった。北別府、大野、佐々岡、川口などなどだ。

海の近くの道を歩いているのだが、その海が見えない単調な車道歩きに飽きてきた。地図を見ると、南陽工業高校を過ぎたあたりに福川港があるようなので、山陽本線を横断して海を見に行くことにした。福川港には漁船が停泊していて、オレンジ色のブイが浮かんでいる。ただ、日射しを遮るものが何もないのでとても暑い。いくら海を眺めるのが好きな私でも、あまりに強烈な日射しだ。早々に退散することにした。ザックのペットボトルのお茶はぬるま湯状態になっている。近くのコンビニで新しいお茶を買うことにした。冷たいお茶を一気飲みして元気が復活する。福川駅前を通り、福川宿になるのだが、あまり古い建物は残っていないようだ。どうやら徳山から続くコンビナート地帯もここ福川で終わりらしい。

湯野温泉

湯野温泉　山田家本家

湯野温泉

２０１７年６月３日～４日

茅葺屋根の山田家本家住宅を見ていると、私の周りの時間がゆっくりと流れている気がした。もう少し、のんびり歩けと、諭されたように感じた。湯野温泉はいい気分転換になった。

福川宿を過ぎて山陽自動車道の高架をくぐり、山陽本線と並行するように歩いて行く。夜市の信号を過ぎて、国道2号線と別れて右手の道に入って行くと、やがて道は「赤迫越え」の山道になる。車はほとんど通らない静かな道だ。峠を越えると、やがて右手に光西寺があるので境内に入って休憩する。龍の形をした梁がとても面白いのだが、あまりに複雑な形をしていて、私の絵の実力ではとても描けない。それに暑い中を歩いてきたせいか、細部を観察する根気を失っている。ただぼんやりと眺めるだけにした。気持ちに余裕がなくなっているようだ。さらに歩みを進めると再び国道2号線に合流し、戸田交差点に出る。山陽道は国道2号線を直進するのだが、今日の宿泊は湯野温泉なので、交差点を右に折れて県道27号線を進む。約2㎞歩くと湯野温泉郷に着いた。この付近には白壁の家が多く、昔からの雰囲気を感じさせてくれる。

16時頃に国民宿舎湯野荘に到着した。入り口には本日宿泊する団体客名と共に私の名前も掲げられていた。歓迎されている感じが嬉しい。街道歩きと温泉の組み合わせは最高だ。部屋に入るとテーブルに説明書が置いてある。それによると、「湯野温泉は古くから防長三名泉としてラジウムを豊富に含むアルカリ良質泉です。また夏目漱石の小説『坊ちゃん』のモデルになった教育者弘中又一が生まれ育った地でもあります。湯と親しんでごゆっくりおくつろぎくださいませ」と書かれている。それが私の名前が入った挨拶状と共に置いてあったので、旅の記念に持って帰ることにした。風呂に入って、夕食を食べていると、私が大学生だった昭和50年（1975年）頃の歌が流れている。キャンディーズや山口百恵、サーカス等々。懐かしく思い、食事が終わってからもしばらく聴いていた。私は街道近くに国民宿舎がある時は、そこに宿泊できるように予定を組むことが多い。この湯野荘は宿泊できる曜日が決まっているので、それに合わせて今回の旅のスケジュールを計画した。国民宿舎は2食付きで、大きな風呂に入ってリラックスできるので、どうしても泊まりたかった。この湯野温泉は今回の旅の中間地点なので、体力回復と共にいい気分転換にもなった。

翌朝は5時半に起床。朝食前に近くにある山田家本家住宅を見学に行く。白壁の塀の向こうに茅葺の大きな民家がたたずんでいる。このような家を見ていると、私の周りを流れる時間が遅くなったような気がしてくる。歩く旅を通して多くの街を通り過ぎて来たが、もう少しゆっくり歩きなさいと諭されている感じがした。私の旅は、ただ歩いて目的地に着くことではなく、通った場所の生活感や歴史を感じ取りながら歩くことなのだ。

8時頃に湯野荘を出発。天気はよいのだが、この時間でもう暑い。今日もきびしい一日になりそうだ。

46 富海宿

富海　海水浴場

富海

田植えをしている人々の背後には、集落の奥に周防灘が広がっていた。美しい景色を前にして、しばらくの間、見とれていた。

２０１７年6月4日

戸田交差点から国道2号線を歩き、登りきった所が椿峠だ。ここから左側に感じのいい道が伸びているので行ってみるが、だんだん海から遠ざかって行く。どうやら道を間違えたらしい。500mほど歩いてから、再び椿峠に戻ってきた。このまま国道2号線を歩くのは、交通量が多いのに歩道がなくて、しかも道幅が狭くて危ない。どこか右側の下に見える集落に下りる道はないかと探しながら歩く。かろうじて下りて行けそうな草道があったので下りてみる。すると何とか田んぼの前の道に出られた。そこでは田植えの最中で、ここから見える景色が素晴らしかった。田んぼの向こうには富海の集落とその奥には周防灘が広がっている。太陽に照らされて光る海、その海にせまる山、趣のある集落、目の前には田植えをしながらも談笑するお百姓さん達。この光景を前にして、私は「天の時」、「地の利」、「人の和」が一致した景色だと思った。しかし旅を終えてから調べると、孟子が言ったとされるこの有名な言葉の意味は、「天の運があっても、地の利がなくては勝てない。地の利があっても、人の和がなくては勝てない。」であることを知る。私の考えは単に青空の「天」と田んぼの「地」、お百姓さんの「人」を組み合わせただけと知り、自分の無学さを恥じた。さすがに儒教の大家の言葉は奥が深い。しかし、この時間にここから見たこの景色は、山陽道の旅で見た全景色の中でも5本の指に入る。

田んぼを両側に見ながら進み、白壁の民家を横目に見て歩いて行くと富海海水浴場に出た。そこではビーチサッカー大会を開催していた。人が大勢来ていてにぎやかだ。売店が出ているので昼食用のタコメシを買う。富海宿にはコンビニが見当たらなかったので本当に助かった。この日が日曜日なので、このイベントをしていたのだろう。実に運がいい。しばらくサッカーを見ながら休憩をした。黄色い砂浜の向こうに広がる

富海 橘坂 手懸岩からの景色。ばつぐんだ。説明板によると、東海道の薩田峠の風景に似ているとのこと。

海や、浮かぶ小島がきれいだった。夏にはいい海水浴場になるのだろう。

ここから浮野峠を越える山道へと入るのだが、この道が非常によかった。橘坂を周防灘とそこに浮かぶ小島の素晴らしい風景を見ながら登って行く。そして手懸岩に来た時、ここから見た景色は抜群だった。説明板によると、ここからの景色は東海道の薩田峠の景色に似ていると書いてある。東海道を歩いたのは5年ほど前だ。薩田峠から見た富士山とその下に高速道路が見える景色は、昔と現代とを融合した描写のように思ったものだ。東海道の旅の中でも、屈指の名場面だった。その東海道の旅は、私が街道歩きに興味を覚えたきっかけとなる旅だった。それが中山道の旅につながり、さらに今日歩いている山陽道の旅につながっている。

47 宮市宿

宮市　毛利邸

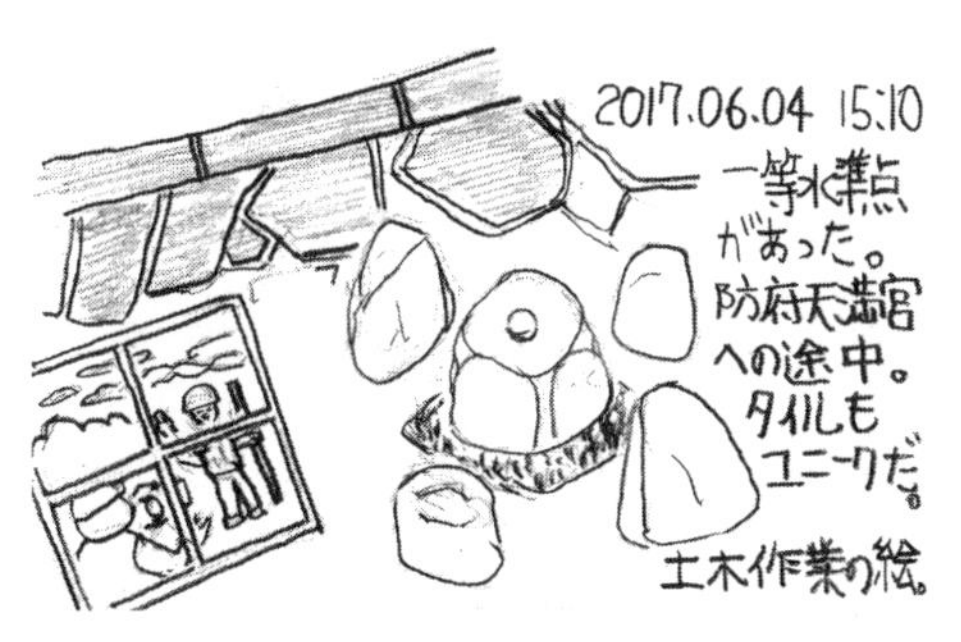

宮市

2017年6月4日〜5日

毛利邸、防府天満宮、玉祖神社など、見所満載の宮市宿だった。私は種田山頭火になった気分で、佐野峠へと歩いた。

浮野峠を目指して登り続けると、旧山陽道の案内表示があった。道からはずれてヤブの中を指しているので、おかしいと思いながらも、ヤブをかきわけて下って行った。しばらく歩くと道がなくなり、それ以上は進めなくなったのでやむを得ず引き返す。案内表示に従わず直進することにした。道はやがて下りになり、国道2号線の防府第2トンネル出口が見えてきた。ここで昼食とした。富海の海岸で買ったタコメシを食べるが、これがなかなか旨い。さらに少し歩くと案内板があり、「浮野峠への坂道は大名も籠から降りて休憩した」と書かれている。歩いてきた道で間違いはないようだ。それにしても浮野峠付近にあった案内表示はいったい何だったのだろう。それでも非常に楽しい峠越えの道だった。

宮市宿は現在の防府である。周防国衙跡の公園で休憩した。広大な草地の公園だ。そして毛利邸へと向かったが、これがすごい屋敷だった。室内は整然と和室が続いている。2階の部屋でひとり座り、窓の桟などの手のこんだ細工を堪能した。この建物は1200坪の豪邸で、大正5年(1916年)に完成した。外観はいかにも御殿といった趣で、内部は素晴らしい装飾と空間で構成されており近代和風建築の粋に満ちていた。毛利邸を出て毛利庭園を見る。サツキがきれいな花を咲かせている。ここはモミジも多いので、秋の紅葉も美しそうだ。そして毛利博物館に入る。残念ながら目当ての山水長巻は展示していなかった。実は20年くらい前にこの博物館には来たことがある。その時は雪舟の山水長巻を見ることができた。季節の移ろいが岩、山、木々、人、家、船などを交えて墨の濃淡で表現されていて、雪舟のすごさを認識したものだ。

毛利邸を出て周防国分寺に寄る。仁王門や金堂が大きい。それに木々も大きい。何かおおらかな感じの寺だ。ベンチに座っているとゆったりした気分になれる。そして防府天満宮へと向かった。途中、道路横に一

宮市　防府天満宮

等水準点があり、土木作業員が描かれたタイルが道にはめ込まれていた。建設業に関わりのある私としては、自分の業界を応援されている気がして嬉しい。そして菅原道真ゆかりの防府天満宮だ。長い石段を上ると朱塗りの楼門が見えてきて、それが段々と大きくなってくる感じが素敵だ。そして登りきると楼門は左右に大きく広がっていてきれいな姿を見せていた。実に色彩の美しい楼門だ。今日の旅の無事を本殿に報告してから御神木を見た。樹齢は８００年のクスの木とのことで、さすがに貫禄がある。宮市宿は見所がたくさんあるので、予め時間をとり、ここに宿泊する計画としていた。明日もまだまだ見学しなければならない場所が目白押しだ。

翌日は5時前に起床。ホテルの窓からは朝焼けがきれいに見える。テレビのニュースによると、今日の山口県の気温は30℃とのこと。きびしい旅となりそうだ。ホテルを7時半に出発。まずは種田山頭火

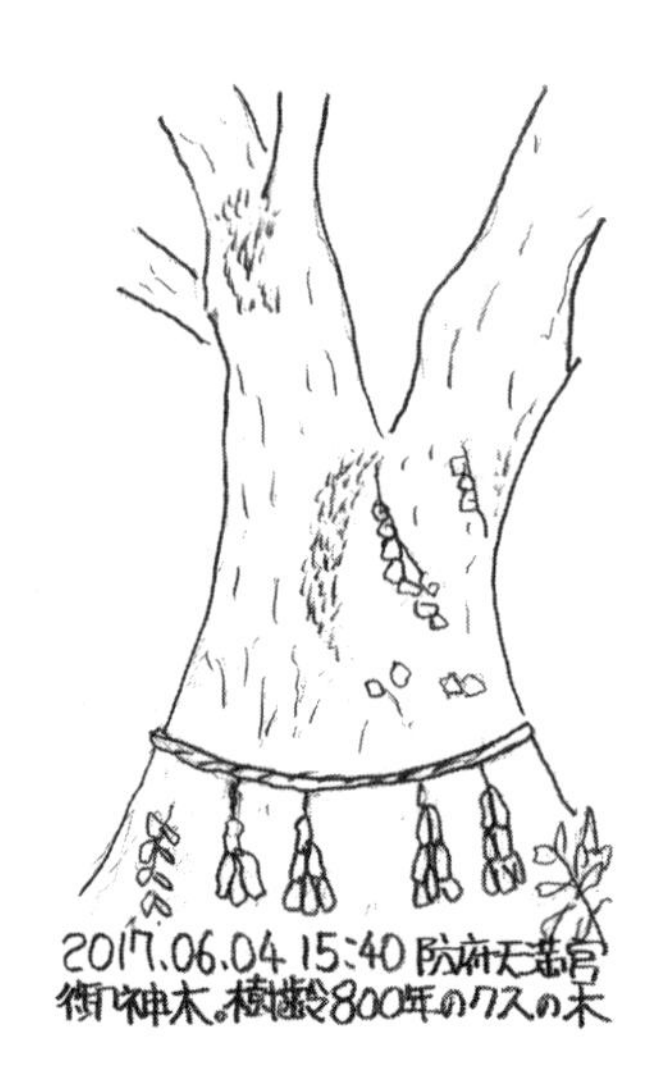

生家跡に寄る。放浪の俳人をイメージした旗が立っている。種田山頭火は貧しい放浪者のイメージが強いが、大地主の家に生まれ、早稲田大学を中退した後、酒造業に失敗してから放浪の旅人になったようだ。「分け入っても分け入っても青い山」などの自由な句を詠んでいる。携帯電話やデジカメを持たず、手帳とシャープペンシルだけを持ち、簡単なスケッチと感想を書いて一人旅をしている私にとっては大先輩のような存在だ。

宮市　玉祖神社

さて先を急ぐ。ここから佐波川に出て、川に沿って車道を歩く。周りの山々がきれいで、山腹に大きな岩が露出した変わった山容の山もある。そして大崎橋を渡ると玉祖神社があるので寄った。今日の安全を祈願して休んでいると男性に話しかけられた。この神社は祭神の玉祖命が勾玉を作った神とされていることから宝石関係者や眼鏡関係者、そして水晶に関連して時計関係者の参拝が多いとのこと。そしてパワースポットとして有名で、何か声が聞こえることがあるらしい。「何か聞こえましたか」と聞かれたが、私は想像力が欠如しているせいか、何も聞こえなかった。その後、その男性は車で立ち去ったのだが、神社のスケッチをしていると、再びその方が戻って来て、時間がまだあるので神社の掃除をしていくと言う。信心深い人だと感心をした。この神社は周防国一宮である。

玉祖神社を後に、山陽自動車道と並行して歩いて行くと、道はやがて佐野峠への山道となる。車が通らない草地の道なので快適だ。種田山頭火になった気分になってきた。「分け入っても分け入っても草の道」。などいろいろな句が浮かんでくる。頭の中はアドレナリンの分泌が全開状態のようだ。この道は案内標識も多いので安心して歩いて行ける。いかにも街道を歩いている気分にさせてくれる所だ。佐野峠から見た大海湾に注ぐ佐波川の景色はきれいだった。峠を越えると道はやがて防府西高校の横を通り国道2号線に合流する。この頃になると頭の中のアドレナリンも引いたようだ。先ほどの句は種田山頭火の完全にパクリであることに気がつく。非常に楽しい宮市宿だった。さて次は小郡宿だ。

48 小郡宿

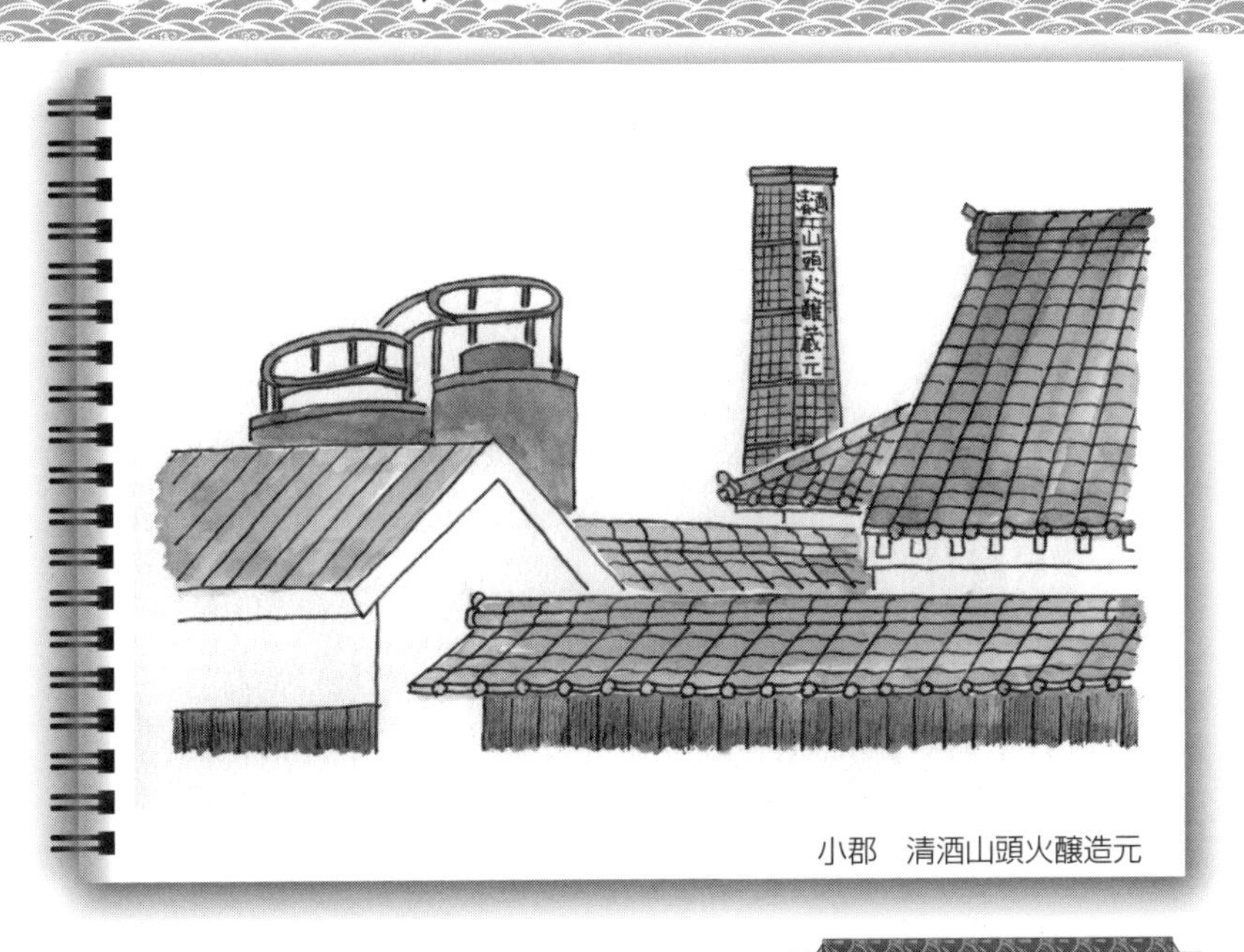

小郡　清酒山頭火醸造元

小郡

「建石」という平たい石が住宅地に立っていた。江戸時代から今までよく無事に残っていたものだと感心する。

２０１７年６月５日

長沢池に着いたところで、国道2号線を離れて山陽本線を横断して脇道を歩く。ため池があり、その水門に段差があるので座って昼食とした。そして道なりに歩き、再び山陽本線を横断して国道2号線に出ると、そこは長沢池の西端だ。ここからは国道2号線と並行している路地を歩いていく。すると右側に建石という1・5m四方の平たくて薄い石が立っている。何も文字は刻まれていない実に不思議な石だ。江戸時代からある石で、何のためにあるのかは不明らしい。よく今までこの住宅地に、このような薄い石が壊れないで残っていたものだ。保護のための囲いがないので、車やバイクがぶつかれば簡単に壊れてしまうだろう。現代まで残っていたのは奇跡に近い。過去の遺跡が現代まで残るのには偶然の要素も大きいことを改めて感じさせてくれる。

東津橋を渡りJR山口線を横断すると小郡宿だ。何となく昔の街道筋の街らしい感じはするが、古い建物はあまりなさそうだ。新山口駅近くを通る。この駅は2003年までは小郡駅と称していた。今日の宿泊はこの新山口駅からすぐ近くにあるホテルだ。今日は通過した宿場がこの小郡宿が最初で、スケッチをあまりしなかったこともあり早く着いてしまった。14時とまだ時間が早いのでホテルにチェックインすることはできない。それに天気予報では明日は雨なので、できるだけ先へと進むことにする。JR山陽本線とJR宇部線とが並行する県道335号線を歩く。大きな瓦屋根の家々を見ながら行くが、瓦が続く景色はいいものだ。私が子供の頃のよき時代を思い出す。そして右側に「清酒山頭火醸造元」と書かれたレンガの煙突を見ると、やはり立ち止まらずにはいられない。瓦が葺かれた大屋根の建物や白壁の蔵と加えてその奥にある赤サビた2基のタンクの存在感が素晴らしく、いい風景を醸し出している。この「清酒山頭火」との名前も覚えておこう。そして15時半にＪＲ山陽本線の嘉川駅に到着。今日の旅はここまでとする。この嘉川駅周辺には古い民家があり、いかにも昔からの街道筋の雰囲気が感じられた。電車はちょうど発車したところで、40分くらい風に吹かれながら駅のベンチで休んでいた。そして山陽本線で新山口駅まで戻ってきた。下りのホームに停車している普通列車の行先表示を見ると「下関」だ。山陽道の旅も終わりに近づいてきたようだ。

ホテルの部屋のテレビでは「鬼平犯科帳」が放映されていた。私が街道歩きを始めたのは池波正太郎氏の時代小説を読んで、東海道や中山道の雰囲気を少しでも体験したいと思ったことがきっかけだ。その２つの街道はすでに歩いたので、今の私はその先の山陽道を歩いている。歩いて来た山陽道には、昔からの商家を思わせる建物をたくさん見かけたので、この街道にも大盗賊は出没したのだろうと思いながらテレビを見ていた。

49 山中宿

山中　割木松付近

2017.06.06　8:50AM
これより長門国に入る。
周防長門国境碑
周防　長門国境碑
山口市と宇部市の境だ。
もうすぐ山中。
3つ道標があるが、一番左のだけでよいと思うが。

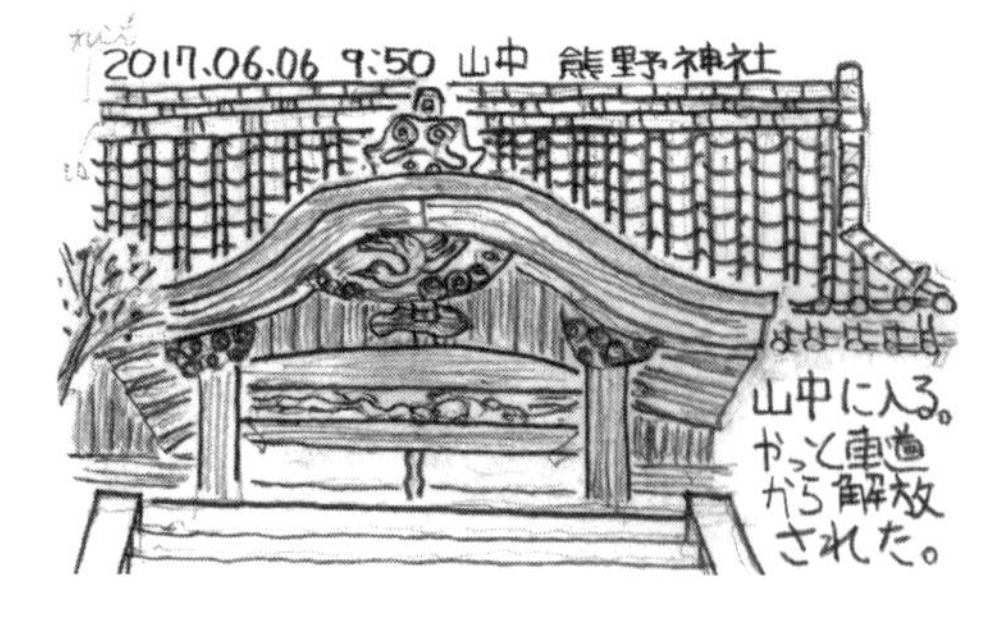

山中

熊野神社の石段に座り静かな時を過ごした。
木陰を通り抜ける風が心地よく、さわやかな
気分で山中宿を通った。

２０１７年６月６日

翌日は5時過ぎに起床。ホテルで朝食を終え、7時半に下関行きの電車に乗る。改めて下関に近づいて来たと実感した。7時45分に嘉川駅に着いて旅の再開だ。県道335号線を歩くのだが、まもなく右側の静かな道に入り県道と並行するように歩いて行く。そして嘉川インターチェンジに着いたが、ここから山陽道（国道2号線）に出るのに苦労した。道が複雑に入り組んでいて方向感覚がつかみにくいのだ。それでも何とか国道に出て坂道を登って行くと、国境の碑が3つ建っている。周防国はここまでで、これから長門国に入る。それにしても、何故3つも同じことを意味する碑があるのか不思議だ。割木松付近で国道を離れて、赤い帽子と前掛けをかけた地蔵様の前で休む。帽子と前掛けが新しいので、地元でも大事にされている地蔵様のようだ。そして山中宿に到着。熊野神社に寄るが、車道を離れることができてほっとする。歩道のない大型車が勢いよく通る道を歩いてきたが少々怖かった。説明板によると熊野神社には「ツルマンリョウ」という植物が自生しているとのこと。悲しいかな、無学な私にはどの植物が「ツルマンリョウ」だかわからない。熊野神社は静かだ。その石段に座りしばらく休憩した。暑い中を歩いて来たので、木陰を通り抜ける風が心地よい。そしてここから始まる山中宿の街並みは、短いが昔からの街道らしい雰囲気がした。江戸時代の旅人になった気分で通り過ぎた。

山中宿を後に国道2号線を歩き、車地の交差点を左に折れて厚東（ことう）川沿いを歩いて行くと「男山永山本家醸造場」がある。いい感じの建物が並んでいる。描くには近すぎるので、木田橋を渡り反対側の土手道から厚東川越しにスケッチすることにした。オレンジ色の瓦の屋根に白壁や茶色の板壁があるいい建物だと思う。それにしても、私は酒蔵を見るたびに立ち止まってしまう。西条宿の西条酒蔵通り、廿日市宿の小泉本店、

山中　男山永山本家醸造場

徳山宿の山縣本店、小郡宿の山頭火醸造元などなど。そこには時代が入った建物があり、漆喰の白壁や瓦屋根、板塀やレンガの煙突がある。建物は1棟だけでなく、何棟も重なるようにあり、いつもすごいなと思わせてくれる。これは私が単に酒好きであることが理由ではなく、本当に素晴らしい建物群なのだ。毎回、私の小さな手帳では全部を描けるわけがないので、その中の一部を切りとってスケッチするだけだが、後でその一部を見ただけで全体を思い出すことができる。それくらい強い印象が残る建物群だった。私が酒の銘柄を覚えようと興味を持っただけではないことを強調しておく。

道は再び国道2号線に合流して船木宿を目指して歩き続ける。辻堂地区の庚申塚に来ると旅人らしき人が立っている。ガイドブックにある庚申塚を探しているとのこと。私も一緒に付近を探し、庚申塚はすぐに見つかったが、この人も山陽道歩きをしていて、さらに長崎街道を歩いて長崎まで行くとのこと。この時だ。私も九州を歩く時は長崎街道経由が面白そうだとの考えが頭をよぎる。ところで、ここからは国道から離れて殿様道という道があるはずだ。それらしき道が草地の斜面にあるので登ってみると墓地があり、さらに先を行くとすごいヤブになっていて進めない。昔は道だったらしき痕跡はあるのだが先を行くのは無理と諦める。少し戻り墓地から下りる道があるので行ってみるが、工場のような建物に突き当たった。その敷地内を通って先に進もうかとも思ったが、地元の方に迷惑をかけるわけにはいかないので、結局最初の庚申塚に引き返してきた。まあ楽しい冒険だったと思うことにして、国道2号線を歩き続けることにした。

50 船木宿

船木　大木森住吉宮

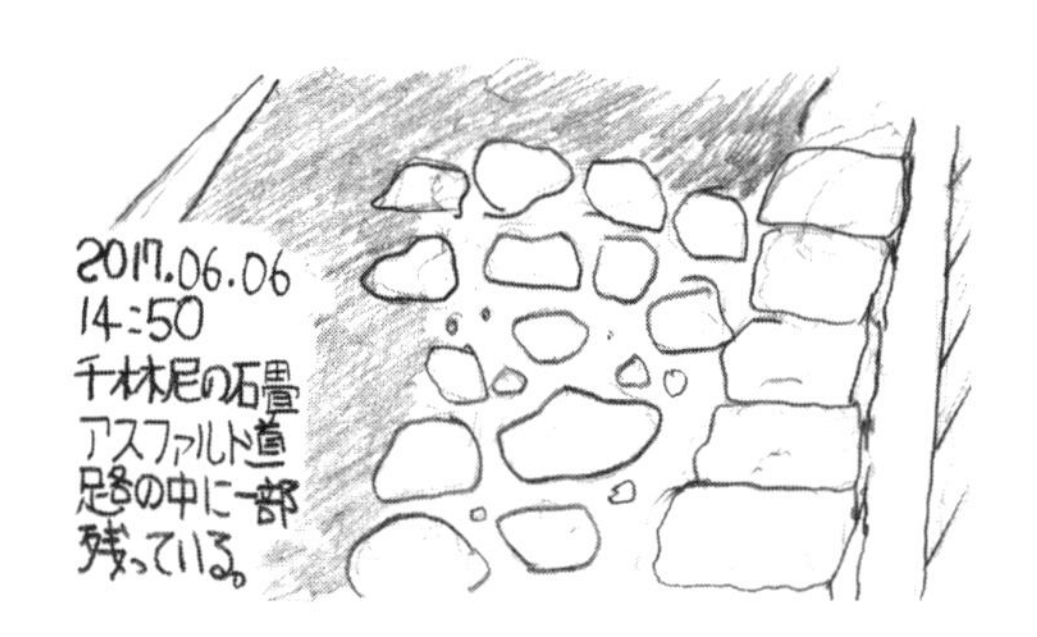

船木

アスファルトに囲まれ、かろうじて「千林尼の石畳路」が顔を出している。そのおかげで昔を想像できることに感謝する。

2017年6月6日

国道2号線を歩いて行くが、横をトラックがスピードを出して通過していくので少々怖い。そして何とか左側の道に入り国道を離れることができた。そこが船木宿だ。白壁に面白い形の窓を持つ大きな民家を見かけるが、道幅が狭いので近すぎてスケッチできないのが残念だ。大木森住吉宮で休憩することにする。ここには住吉大明神という海上航路の安全を守護する神が祀られている。そして神功皇后が軍船48艘を作るために楠を切られた伝説から、ここを楠町というとのことだ。庚申と彫られた石碑がたくさん並んでいるのを不思議に思いながら休んでいた。船木宿は昔からの街道の雰囲気を感じさせる街だった。

国道2号線を歩き進むと左側に「厚狭郡楠町逢坂　2号線500」の表示を見つけた。国道2号線は大阪市が起点なので、大阪市から500㎞の地点ということになる。東海道の江戸日本橋から京都三条大橋までが約495㎞なのでほぼ同じ距離だ。ずいぶん歩いて来たものだと感心する。この付近で国道から離れて右側の細い道に入ると「千林尼の石畳路」というアスファルト道から一部石畳が露出している所を通る。全てアスファルトで覆わないで保存したようだ。その配慮に好感が持てる。かろうじて昔の歴史をつないでいる感じだ。この後、草道を歩き県道225号線に出てゆっくり西尾峠へと歩いて行った。次の厚狭市宿はもうすぐだ。

51 厚狭市宿

厚狭市　鴨橋より

2017.06.07
7:55AM 雨
厚狭駅前
寝太郎の像
あり。
雨の中を出発
する。

山口県は今日から
梅雨入りとのこと
きびしい旅にな
りそうだ。

厚狭市

2017年6月6日～7日

厚狭駅前の三年寝太郎像を見た後、激しい雨の中を出発した。山口県は今日から梅雨入りした。

西見峠は標高57ｍの小さな峠だ。峠を下るとすぐに車道から離れて左側の細い道に入る。ため池の横を通る静かな道だ。そして厚狭川に架かる鴨橋を渡ると厚狭市宿だ。小さな広場にベンチがあるので休憩し、川の対岸の寺を描いていると雨が降り出した。そのためスケッチを途中で中断してこの日宿泊するホテルへ急ぐことにする。このまま真っ直ぐに行けば古い建物が並ぶ商店街なので、その道を歩けば問題なかった。今日の宿もこの通り沿いにあるのだ。でも本来の山陽道はここから左側に入り、山陽新幹線の高架をくぐって行く道なので忠実に歩くことにした。厚狭駅で駅構内を通れば駅の反対側に出られると思ったのだ。いざ厚狭駅に着いてみると駅構内を横断できる通路はなく、結局雨の中を再び鴨橋まで戻って来た。この日の土壇場で躓いてしまった気分だ。厚狭市の商店街では目薬の面白い看板を掲げた店があり、立ち止まりながらゆっくりと歩いた。この雨ではスケッチはできないので、頭の中にしっかり記憶として残そうと思った。それに疲れていて道を間違えた心のダメージもあり、描く気力がわかなかった。でもきちんと記録に残さないと、やがて忘れてしまうだろう。ホテルに着いて着替をし、風呂に入ってからその看板を思い出そうとしたが、もう思い出すことはできなかった。

翌日は5時に起床。テレビのニュースでは、山口県は今日から梅雨に入ったと報じている。外は雨が激しく降っている。今日は峠を越えるので厳しい旅となりそうだ。厚狭駅前で傘を差しながら寝太郎像を描いた。これは「三年寝太郎」として有名だが、山陽小野田市のホームページから物語を要約する。「昔、厚狭の里にものぐさな若者がいて三年三月寝ていた。ある日起き上がった彼は、父親に千石船を作ってくれと頼む。船が出来ると、わらじを積み厚狭川を下って行った。佐渡島に渡った彼は、新しいわらじと古いわらじを取り替えると島じゅうにふれ歩き、たくさんのわらじを集めて戻って来た。この泥のついたわらじを洗うと、桶の底には金の砂が山盛りになっていた。それを売ったお金で川を堰き止め、かんがい用水路を作って荒地を豊な水田へと変えた」との話である。この寝太郎像をスケッチしていた時には、まだ心に余裕があったのだが、この後、雨と寒さでつらい一日が待ち受けていた。

52 吉田宿

吉田　東行庵　菖蒲

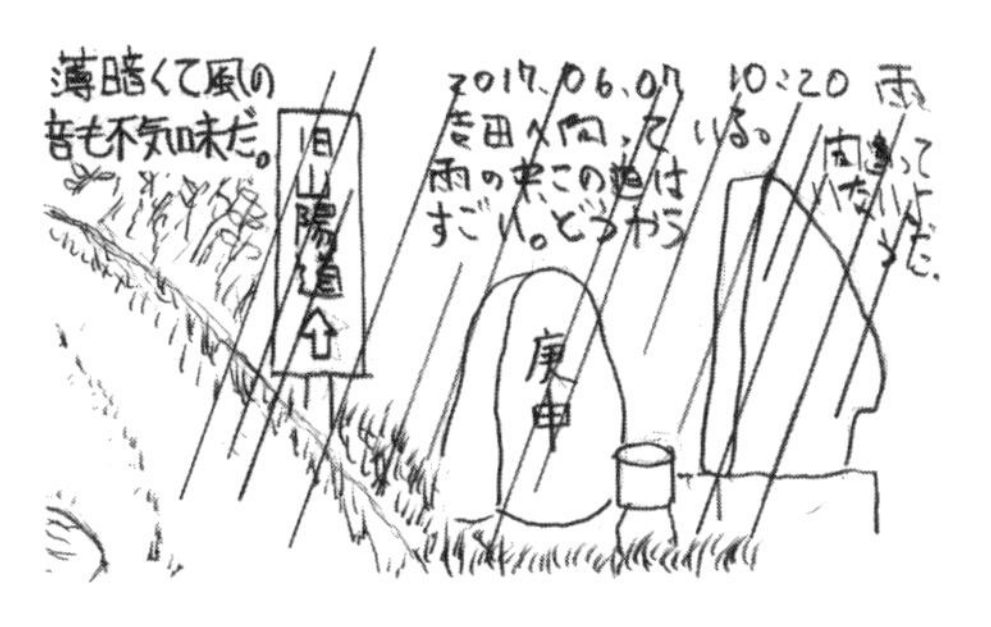

吉田

東行記念館で高杉晋作の三味線を見た。「三千世界の鴉を殺し、主と朝寝がしてみたい」と唄う粋な姿を想像した。

２０１７年６月７日

厚狭駅を出発し、下村交差点を左に折れて桜川沿いを歩いて行くと、山陽道に合流する。そこからは車のほとんど通らない感じのよい道を進む。山野井八幡宮の横を通り、県道225号に出たが、ここから先の道がわからない。おおよその検討をつけて県道を横断して、永福寺の横を過ぎて田んぼを両側に見ながら歩いて行くと、雨の中を農作業している地元の方に「どこに行くのか」と声をかけられた。「山陽道を歩いています」と答えると、指を差して田んぼの向こうに見えるのが旧山陽道だと教えてくれた。正しい道を歩いているのか疑念を持ち始めていた時だったので、このアドバイスには本当に助かった。その道は山陽本線沿いに歩くのだが、林の中を通っていて、これぞ昔からの街道だという趣のある道だった。地図を見ると山陽本線は石炭隧道というトンネルを通っている。この辺りの地名は石炭というようだ。

そして福田という所に出て浄慶寺の横を通る。そこに手書きの案内表示があるので、それに従って進む。ここから吉田宿に行く道が厳しかった。草地を歩いて山に入って行くのだが、雨は土砂降りになってきた。猪の罠があるので注意と書かれた標識が見える。風が強いので周りの木々や笹がザワザワと音を立てて動く。そのたびに猪が出たのかと少しおびえながら歩き続けた。それに猪の代わりに私が罠にかかったのではシャレにならない。足元にも気をつけながら進む。その一方でこの歩いている道が本当に正しいのか確信を持てないので、引き返した方がよいのではとの思いが頭から離れない。そんなわけで、峠付近で旧山陽道の案内板を見つけた時には正直ほっとした。やがて道は下りとなり、蓮台寺への分岐道を通過する。もうここは下関市である。山陽自動車道の高架の下で雨を避けて休憩し、吉田宿に入って行く。靴の中までずぶ濡れの状態になっていた。

52　吉田宿

吉田宿は古い白壁の民家が多くていい街並みだ。雨があまりに強くて、スケッチどころか立ち止まって見ることすらできない。そんな中でも東行庵には寄らないわけにはいかない。ここには高杉晋作の墓がある。最初に東行記念館で開催中の「晋作没後１５０年記念企画展」を見学した。晋作の道中三味線などが展示されている。パンフレットによると、晋作は三味線を肌身離さず持ち歩き、旅の道中や戦場で爪弾きながら、端唄や今様、都々逸を唄っていたとのことだ。あの名作「三千世界の鴉を殺し、主と朝寝がしてみたい」はこの三味線をかなでながら作ったのだろうか。展示品を見た後、この建物の庇の下で雨をかろうじて避けながらおにぎりを食べた。そして東行庵の菖蒲はまさに雨の中を咲き誇っていた。紫、白、黄色の花が雨に打たれている様子を見て、この花にはやはり雨が似合う。東行庵を出た後、高杉晋作の墓にも寄り手を合わした。吉田宿は天気のよい日に、もう少し時間をかけて見たい宿場だった。

53 小月宿

小月　小月駅のツバメの巣

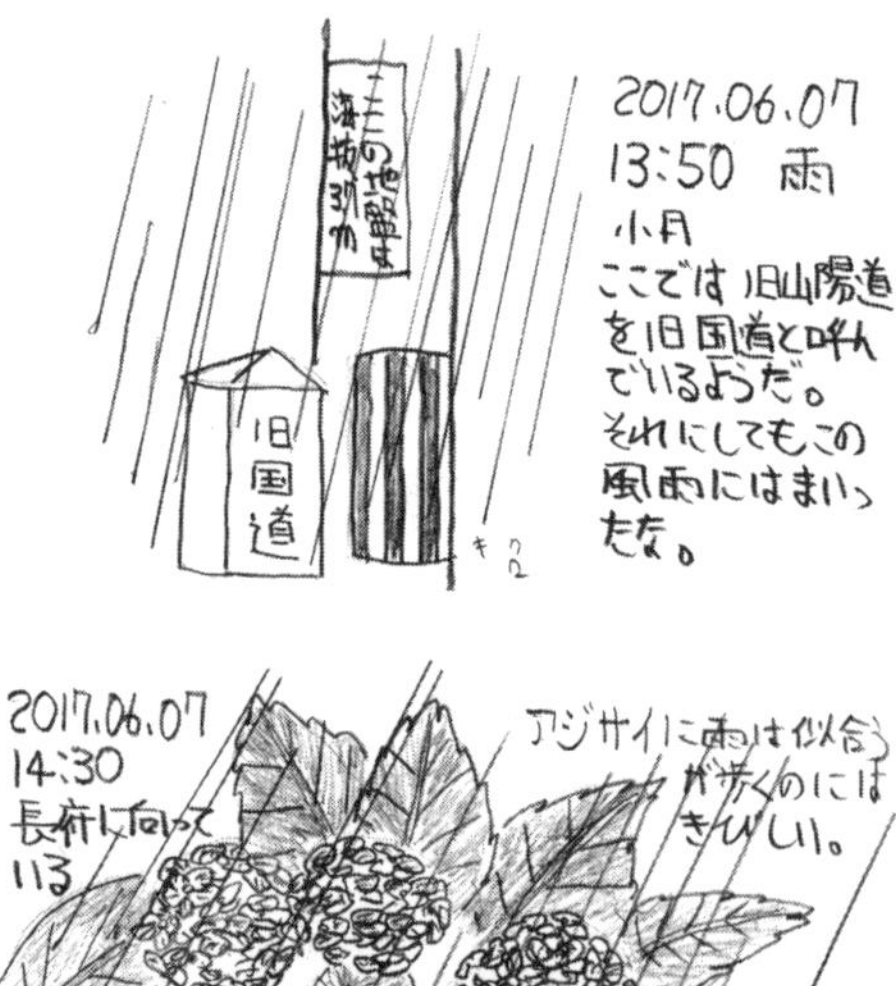

小月

2017年6月7日

小月駅ではツバメのヒナ5羽が、親鳥に大きな黄色い口を開けて餌をねだっていた。見ていて心がなごむ。

雨は強烈で吉田宿の街並みを描けない未練を抱いて、木屋川沿いに赤間関街道を歩く。道幅は広くて歩道もあるのだが、車の水しぶきは歩道を歩く私まで届く。車が来ると、上からの雨よりも車からの水しぶきを避けるために、傘を横に向けなければならないほどだ。山陽新幹線の高架を過ぎ、小月宿へと入る。小月駅で雨を避けるために休憩する。椅子に座れるのでありがたい。見上げるとツバメの巣があるではないか。ヒナは5羽いるようだ。親鳥が来ると盛んに餌をねだる姿が微笑ましい。親鳥は交互にやってくるが大変そうだ。頑張れ。俺も頑張るぞ。心の中でエールを送る。ここまで雨の中を歩いてきたこともあり、心に余裕を持てなかったが、この光景を見て心がなごんだ。巣は壁に固定してある電線管を利用して作られていて頑丈そうだ。

さて次の長府宿に向けて歩かなければならない。雨は一段と激しくなり、風も強くなってきた。このあたりでは電柱に海抜の高さ表示がされている。3・7ｍなので海は見えないが、海沿いの道を歩いていることがわかる。街道の雰囲気を感じる道を歩いているので、雨風は強いが気分は楽しい。アジサイを見かけるが、やはりこの花は雨が似合う。私の好きなテレビ番組に時代劇「鬼平犯科帳」がある。そのエンディングに出てくる雨に濡れるアジサイのシーンを思い出す。まるで自分が時代劇の旅人になった気分で、アジサイの横を通り過ぎた。

54 長府宿

長府　功山寺仏殿

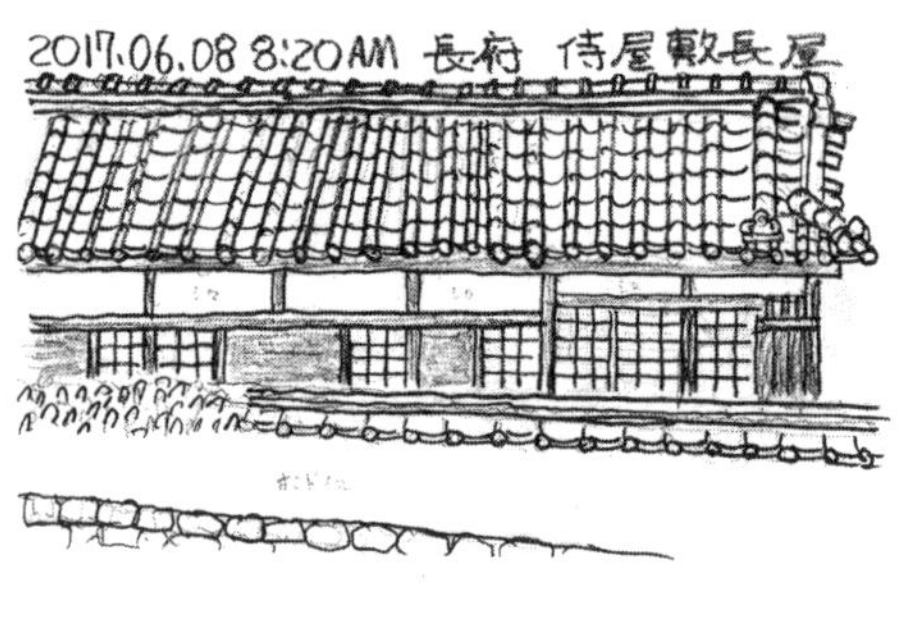

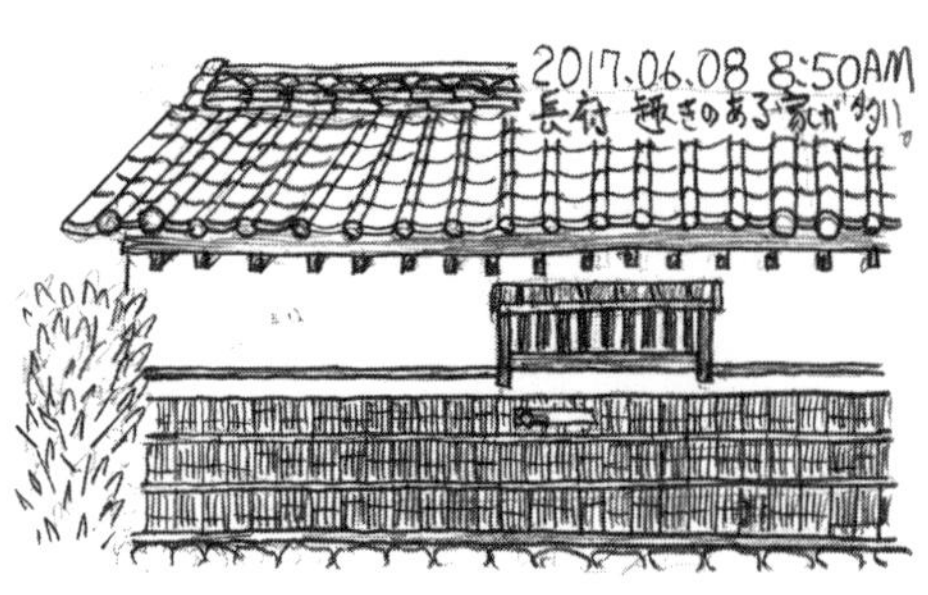

長府

2017年6月7日~8日

功山寺仏殿は、時代を経た貫禄を漂わせていた。歴史に名を残す人々を見下ろしてきたが、今は私を見下ろしている。

小月駅を過ぎてからは一段と風雨が強くなった。主に住宅地の中を歩き、長府駅を過ぎて、ホテルに着いたのは16時。靴の中までぐっしょりと濡れた一日だった。

翌日は5時に起床。雨はあがってよい天気だ。今日はついに下関宿まで行く日だ。7時半にホテルを出発する。商店街を歩いて行く。長い商店街には土産店がたくさんあり、長府は観光地だと改めて認識する。長府観光協会発行の「城下町長府散策マップ」を見ると、見所が点在している。まずは侍屋敷長屋を見学。塀の向こうに長屋のような整った屋敷が見える。近くに座って見ていると、犬を連れて散歩をする人が何組も通り過ぎて行く。今日は次の下関まで行くだけなので時間に余裕があるので古美術店などを見ながらゆっくり歩く。そして長府毛利邸が見えて来た。ここは明治36年（１９０３年）、長府毛利家14代元敏によって建てられた邸宅だ。明治天皇の宿泊所としても使われたとのことだ。

功山寺付近に来ると古くて趣のある民家がある。漆喰の白壁と板の腰壁の組み合わせが絶妙だ。特に腰壁の板の貼り方がきれいだ。功山寺への石段を上る。まだ早朝なので境内は静かだ。「城下町長府散策マップ」によると、功山寺は鎌倉時代の創建で、仏殿は我国最古の禅寺様式を残し国宝に指定されている。数々の歴史の舞台にもなった所で、毛利元就に追われた大内義長が自刃した場所であり、高杉晋作が伊藤俊輔（博文）らを率いて挙兵したところでもある。この仏殿は、これらの歴史に名を残す人達が境内を通るのを見下ろしていたことになる。そして今、ついでのように私を見下ろしている。ここには初代秀元をはじめ9人の藩主の墓が仏殿裏にあるとのことだ。

さて下関宿に向けて歩き出す。県道２４６号長府前田線を道なりに歩いて行けば関門海峡に着くはずだ。

そしてそこは壇ノ浦だ。源平合戦では平家の人々が追い詰められてこの道を逃げたのだろうか。私は、車があまり通らない道を浮かれた気分で登る。はやる気持ちを抑えきれない。この峠を越えたら関門海峡と九州が見えるのだ。

55 下関宿

下関　壇ノ浦　知盛像

下関

２０１７年６月８日～９日

ついに関門海峡に着いた。すごい景色が広がっている。対岸の九州を見ながら、達成感に包まれていた。俺はやったぞ。

下関　亀山八幡宮

県道246号線を下りて来ると関門海峡が見えてきた。時は10時20分。ついにここまで来たのだ。対岸は九州だ。思っていたよりも関門海峡は狭く、九州は目の前にある。関門橋は九州に吸い込まれているようだ。私は日本橋から歩いてここまで来たのだ。対岸は九州海峡をたくさんの船が行き交っている。天気も快晴で空も海も青い。潮の流れは速そうだ。この瞬間の光景は一生忘れないだろう。

この関門海峡は源氏と平家の戦いで有名な壇ノ浦である。最初に目にした史跡は「平家の一杯水」だ。壇ノ浦の合戦で負傷した平家の武将が、やっとの思いで岸にたどり着き湧き水を飲んだ。美味しい真水だったが、もう一口飲むと塩水に変わっていたという伝説がある。その近くでは紙芝居をする人が太鼓をたたいていてにぎやかだ。少し先に行くと平知盛像と源義経像がある。壇ノ浦の代表として知盛像を描くことにする。知盛像は歌舞伎の「義経千本桜・

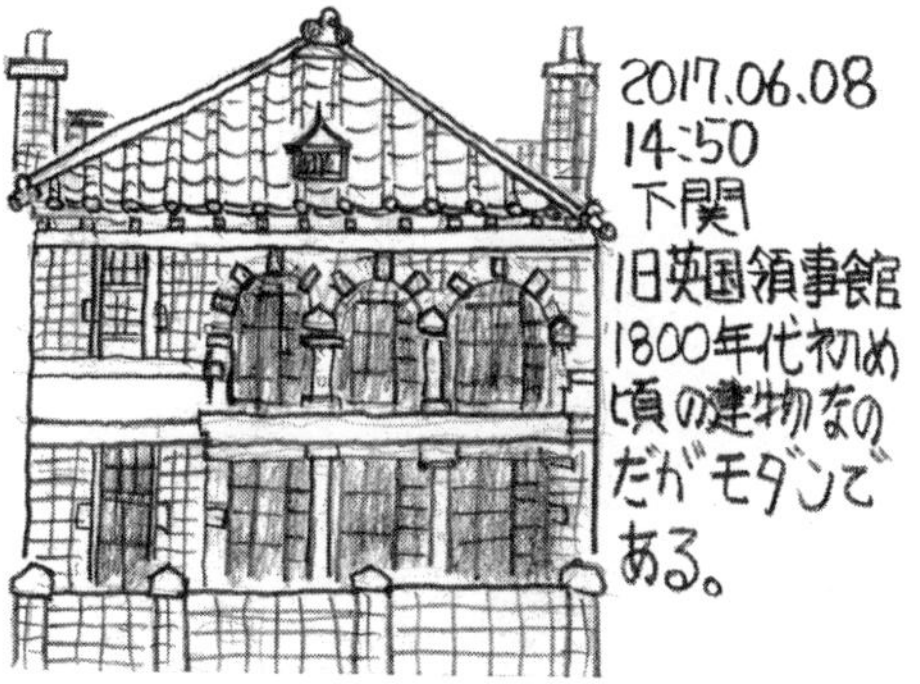

大物浦の段」そのものの恰好をしている。太い縄を腰に巻いて大きな碇を持ち上げて凛々しい姿だ。若い頃の私なら義経像に目がいくだろうが、歌舞伎の観すぎか、若しくは敗者に対する判官びいきか、知盛の方を応援したくなる。いや待てよ。「判官びいき」の判官とは義経のことではないか。何か言っていることがよくわからなくなってきた。嬉しい興奮で頭の中が整理できない。

今日の宿泊はここから近くの国民宿舎だが、まだ正午前だし下関駅まで行くことにする。関門橋の下を通る時に上を見上げると、橋を吊っているロープで作業員が点検をしている。地上からだと１００ｍ以上はあるのではないだろうか。双眼鏡でも見たが、恐ろしくて私にはとてもできない作業だ。

亀山八幡宮に寄る。ちょうど正午なので、ここのベンチの木陰でおにぎりを食べる。社殿でここまで無事に旅をできたことの報告をする。そして後ろを振り返ると大きな「ふく」の像がある。ここ下関では「ふぐ」のことを「ふく」と言う。波の上を大きな目をした「ふく」が泳いでいる像だ。これは旅を終えてから知ったのだが、亀山八幡宮のホームページによると、ここには山陽道の起終点の碑があるとのこと。『長門国誌』によると「これ山陽道第一番塚なり」とあるという。これを見ないで亀山八幡宮を後にしたのは不覚であった。私は山陽道の起終点は九州の大里と思っていたこともあり見逃してしまった。痛恨の失敗だ。

下関　壇ノ浦　義経像

亀山八幡宮の近くにある旧英国領事館はレンガ造りのモダンな建物だ。パンフレットによると領事館として使用することを目的に建設された建物としては、わが国現存最古とある。内部を見学して下関駅へと向かった。

下関駅でしばらく休憩した後、海沿いの道を歩きながら再び壇ノ浦に戻ってきた。先程、平知盛像を描いたのだが、やはり源義経像も描きたくなった。こちらは薙刀を持ち、八艘飛びをしている姿である。これで歌舞伎の「大物浦の段」が完成した気がして満足した。

さて宿に行くことにする。今日の宿はここから坂道を登ったところにある「国民宿舎海峡ビューしものせき」だ。部屋からの景色は素晴らしい。関門海峡に面して遮る物が何もなく、まさに名前の通り「海峡ビュー」だ。いい景色を見ながら風呂に入って、夕食を食べる。ビールを飲みながら、日本橋を出て

下関　関門海峡　日の出

下関　関門海峡　印象日の出

下関　関門海峡と関門橋

から東海道を歩いたこと、それが面白かったので中山道も歩いたこと。そして中山道を歩きながら日本縦断歩き旅を思い立ち、京都から西国街道と山陽道を歩きだしたことなどを思い出した。そして今、関門海峡まで来て、九州を目の前にしている。

翌朝は5時に起床。今日も晴れで、海が青く光っている。部屋のバルコニーに出て左側（東側）を見ると、ちょうど日の出の瞬間だ。太陽が水平線にある雲の中から顔を出した。それから10分後には海がオレンジ色の道ができたように輝きだした。それはまるで印象派の画家モネの有名な「印象・日の出」を見ているような景色だった。モネの「印象・日の出」は朝焼けの雲の中にある太陽の光で水面が揺らいでいるのを表現した作品である。実際の風景そのものは、今、私が見ている景色の方がきれいなのではなかろうか。そのくらい素晴らしい光景だった。「印象・日の出」のような景色を堪能した後は、目を右側に移して関門橋を見る。こちらもすごい景色だ。吊り橋が美しく、その下には朝早くから船が盛んに行き交っている。大きい船もあれば、小さい船もある。今日は対岸の九州へ歩いて行くのだ。橋の右側に見えるのは門司の街並みだろう。この関門海峡を晴れた天気の下で見られたことは、いい思い出となった。

この関門海峡だが、一番狭いところの距離は関門橋付近で650mである。長府から坂道を下りてきて、最初に見たのがこの辺りだったので、道理で九州がすぐ近くに見えたはずだ。そして水深の一番深いところは47m。それが日本海と太平洋をつないでいるのだから、潮の流れが速いはずだ。源氏と平家は当時小さな船でよくこんな危ない所で戦ったものだ。そして関門橋だが、橋長は1068m。昭和48年（1973年）に開通した。高速道路なので徒歩では渡れない。もしこの橋から真下を通る大型船を見下ろしたら楽しいだろうな。

国民宿舎を8時半に出発。朝食にでた明太子は旨かった。このことだけでも、これから九州へ行くのだという気分を高揚させる。壇ノ浦まで下りて行き、知盛と義経像に別れを告げる。そして近くの下関側関門トンネル人道口へと向かう。エレベーターで下りると門司側への入り口があり、国道2号線の表示がある。この道は国道2号線の歩道である。このことは今回の旅の計画をする中で知った。私は当初、下関から電車で門司に移動するものと思っていた。それが歩いて九州に行けると知った時は嬉しかった。トンネル内にはジョギングをしている人や散歩をしている人など、結構通行人が多い。このトンネルの通過は、私にとっては一生に一度の出来事だろうから、貴重な経験なのでゆっくり歩くことにする。10分ほど歩くと山口県と福岡県の県境が表示してある。ついに九州に踏み入れたのだと強く実感できる表示だ。そして9時10分に門司側

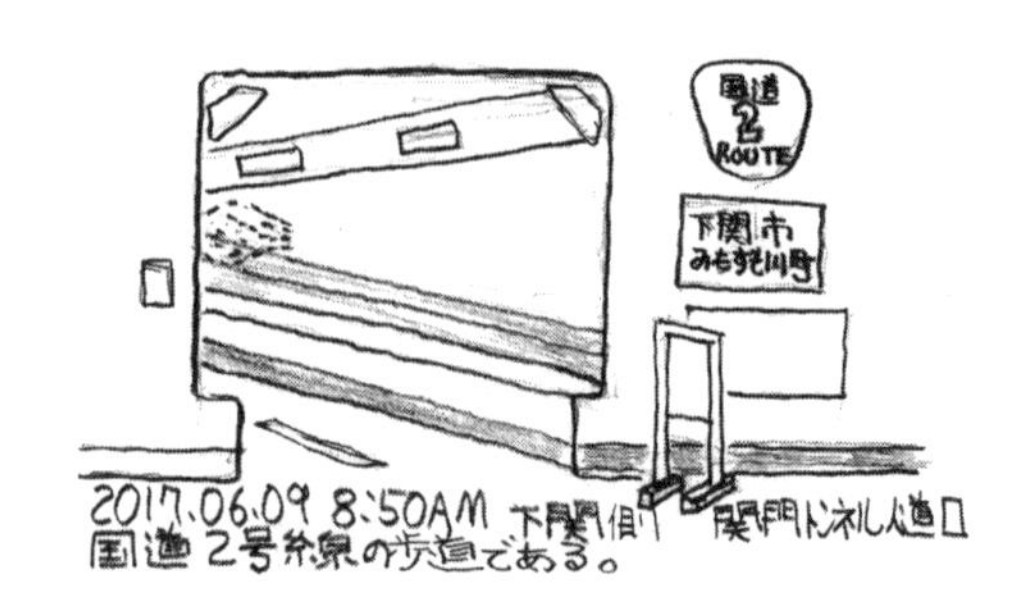

人道口に到着した。そこに記念スタンプがあるので押す。下関側でも押せばよかったと後悔するが、戻ることはしない。

エレベーターで地上に出ると青空が広がっている。今日も暑い中を歩くことになるが、気持ちはさわやかだ。ついに九州に足を踏み入れたのだ。

巌流島

巌流島　武蔵と小次郎の像

巌流島

2017年6月9日

武蔵と小次郎の決闘の像があった。ここは「決闘の聖地」巌流島。私は、今の平和を感じながら、関門海峡を眺めていた。

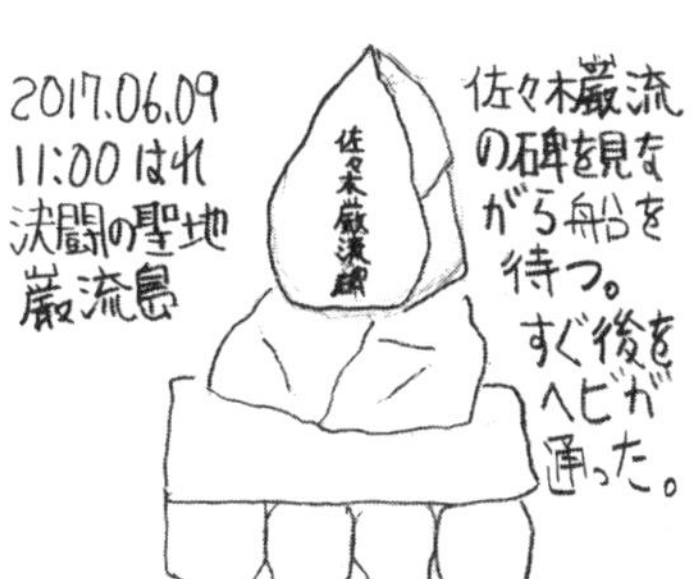

今回の旅で私が参考にした図書『太陽コレクション地図京都・大阪・山陽道』では山陽道の終点は九州の大里と記載している。今日はその最終地点である大里に到着する日だ。時間は十分にあるので、巌流島に寄ることにした。門司港駅近くのフェリー乗り場に向かう。乗船すると乗客は私を入れて6人だ。フェリーの中では巌流島の紹介をしている。「宮本武蔵と佐々木小次郎の決闘、最近ではアントニオ猪木とマサ斎藤のプロレスの戦いが行われた。まさに決闘の聖地であります」との解説が流れている。武蔵と小次郎の決闘は吉川英治の小説で読み、猪木と斎藤の戦いはスポーツ紙で読んだ。斎藤の「変形バックドロップ」が岩場で決まれば猪木も危ないとか、猪木の卍固めが波打ち際で決まれば、波の下の斎藤は息ができなくて溺死するのではなどと書かれていた。私は猪木の顔だけが海面より上にあり、斎藤だけが海に浸かっている状態はないだろうと思いながらも夢中で読んでいたものだ。私は昔からのプロレスファンで、ジャイアント馬場が活躍していた頃、日本武道館に全日本プロレスの試合をよく見に行った。第一試合からカラフルな照明で演出され、おおいに楽しんだ。試合前にグッズ売り場に寄ると、ジャイアント馬場が座っていて、その大きさと存在感のすごさに圧倒された。そして私のお気に入りはラッシャー木村のマイクパフォーマンスだった。そんなことを思い出しながら、船の窓から波間を眺めていた。

巌流島には10時15分に上陸する。武蔵と小次郎が戦っている像があるので、早速スケッチをする。武蔵が飛び上がって櫂（かい）を打ち下ろすのを、小次郎が長い刀で迎え撃つ姿だ。島内の探索をしていると佐々木巌流の碑があった。石碑を見ていると蛇が後を横切ったので驚いた。日差しが強いので、休憩施設のベンチで休む。ここから見る対岸（山口県側）の三菱重工造船所は大きい。狭い関門海峡だが、この巌流島があることでさらに狭くなっている感じだ。その狭い海峡を大きな船舶が進んでいく。太陽に照らされた青い海が輝いてきれいだ。私はその景色をのんびりと眺めながら門司港に戻るフェリーを待っていた。待っている間に頭の中を雑念が浮かびだした。何故、小次郎の碑があって武蔵の碑はないのだろう。小次郎より武蔵は人気がないのだろうか。結局、私の出した結論は、小次郎はこの巌流島の地で亡くなったのでお墓の代わりに碑ができたのだろう。一方の武蔵はその後長く生きたので、この地に碑は必要ないというものだった。

56 大里宿

大里　レンガ造りの倉庫

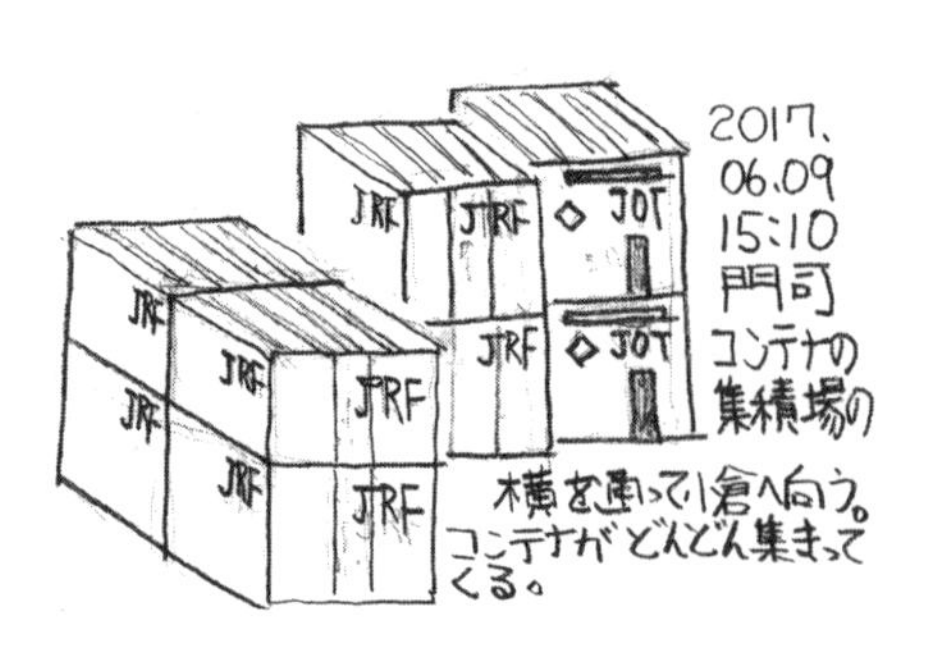

大里

西国街道・山陽道を歩く旅が終わった。大里はレンガ造りの建物が目立つレトロな街だった。

２０１７年６月９日

巌流島の後は門司港レトロ地区の街を見学する。レンガ造りのモダンな建物があり、明るい雰囲気の街だ。レトロな街との言い方もよく似合う。外国の観光客が大勢歩いているので、海外にも知られた観光地のようだ。門司港駅は保存改修のため工事中だった。この駅舎は大正３年（１９１４年）に建てられた欧州のネオルネサンス様式と呼ばれる木造建築で、鉄道駅舎として初めて国の重要文化財に指定された建物である。見ることができなかったのは残念だった。さて、山陽道の終点である大里宿へ向かおうか。

大里宿は門司港駅から４㎞ほど先の門司駅付近である。山陽道の旅最後の一里を歩き出す。並行している道は国道３号線で、線路は鹿児島本線になった。この日も天気はよくて暑い。海沿いの道をゆっくり歩いて行くが、大里に近づくとレンガ造りの倉庫が見え始めた。レンガ造りの建物は江戸時代とは関連しないので、昔の街道歩きの旅とは本来無縁なのだが、明治・大正時代の雰囲気を醸し出していい感じだ。私が見ている倉庫はクラックを補修したような鉄の帯やコンクリートの帯があり、鉄製の黒い扉や丸いガラス窓がうまく調和していた。このレンガの建物を見るだけでも、昔の街道筋の街が、時を経てレンガの街に変わっていく様子が想像できる。そして山陽道の起終点、大里に到着したのは13時だった。そこにはレンガでできた門司麦酒煉瓦館や赤煉瓦交流館がある。近くの門司駅は近代的な建物なので、時代はさらに流れていることを感じさせる。それらをベンチで見ながら今回の旅を振り返った。関門海峡からの風が心地よい。これで西国街道、山陽道の旅が終わった。達成感よりも、何か少し寂しい気がした。

小倉

小倉　常盤橋

小倉

2017年6月9日～10日

常盤橋では伊能忠敬の偉大さを改めて認識した。そして次の旅は、ここから長崎街道を歩くことを決心した。

小倉　小倉城

大里宿で西国街道・山陽道を歩く旅は終わりなのだが、その後には九州の街道を歩く旅が待っている。九州を歩く旅の玄関口は小倉だ。ここからは門司往還を歩いて行く。鹿児島本線を横断して国道3号線を歩く。この日も暑い中を歩いているが、手向山（たむけ）トンネルを通過する時には冷たい風が通り抜けて心地よい。しばらくトンネルの出口に留まって涼んでいた。普段ならトンネル内は車の排気ガス濃度が高いのであまり居たい場所ではないのだがやむを得ない。体を冷やすことの方が大切だ。

その後再び鹿児島本線を横断して高浜港に行き、国道199号線を歩いているうちに小倉の繁華街通りに着いた。さすがに小倉は大都市だ。最初に小倉城公園に寄り、天守閣をスケッチする。そして常盤橋に到着したのは16時半。今回の旅の最終目的地に到着した。木造の太鼓橋で、車は通行できない橋だ。

ここには伊能忠敬の碑がある。説明板には「彼は4000万歩で地球一周分にあたる距離を歩いた」と書かれている。忠敬は日本地図を作るために海岸沿いの道なき場所も歩いたはずだ。現代の道路をただ歩いている私などはスケールが違う。この常盤橋を渡ると、反対側には長崎街道の説明板がある。この場所が長崎街道の起終点である。私が長崎街道を歩くことを決心したのはこの時だ。それまでは薩摩街道か長崎街道かの迷いがあったが、私の気持ちは固まった。江戸から長崎までの道は、江戸時代では外国につながる唯一の道だった。そこにはインターナショナルの匂いがする道が待っているはずだ。

翌日は5時半に起床。今日は旅の最終日であり帰宅する日だ。テレビのニュースによると、この日の東京の気温は32℃で、福岡県は明日から雨とのこと。明日以降からは暑くなりそうで、しかも天気はよくないので、今日で旅を切り上げるのは正解だったと思う。

小倉城公園内にある松本清張記念館に行くが、開館まではまだ時間があるので今回の見学を諦める。小倉城を見ながら公園内を散歩することにした。それでもネコの睨み合いを眺めたり、天守閣の石垣の横に立つアオサギが、堀の中を泳ぐ魚を狙う様子を見ているうちに、小倉駅を出発する新幹線の時間が近づいてきた。一般的に小倉から東京に行くには、福岡空港から飛行機に乗るのだが、今まで歩いて来た道を新幹線の車窓から眺めて、西国街道と山陽道の旅を振り返りたくなった。いつもなら座るとすぐに眠くなる新幹線だが、山陽道、西国街道、それにかつて歩いた東海道と懐かしい景色が時々見えるのが嬉しかった。

ガイドブックを持たないで、道路マップだけを頼りに歩いた旅だったが、何とか無事に終了することができた。歩道のない道幅の狭い道路では、トラックが私をかすめるように通り過ぎるのを、生きた心地がしない心境で歩いたのも終わってみればいい思い出だ。次は長崎街道が待っている。

小倉

旅回数	年月日	歩　程	宿泊場所	備　考
3	2017.06.01	御庄宿→玖珂本郷宿	岩国	電車で玖珂駅から岩国駅へ移動 シティホテル安藤
	06.02	玖珂本郷宿→高森宿→今市宿→呼坂宿→久保市宿→花岡宿	徳山	電車で周防花岡駅から徳山駅へ移動 ホテルアルフレックス
	06.03	花岡宿→徳山宿→富田宿→福川宿→（湯野温泉）	湯野温泉	電車で徳山駅から周防花岡駅へ移動 国民宿舎湯野荘
	06.04	（湯野温泉）→富海宿→宮市宿	宮市	ホテルα-1防府
	06.05	宮市宿→小郡宿→［嘉川駅］	小郡	電車で嘉川駅から新山口駅へ移動 ホテルα-1小郡
	06.06	［嘉川駅］→山中宿→船木宿→厚狭市宿	厚狭市	電車で新山口駅から嘉川駅へ移動 エクストールイン山陽小野田 厚狭市駅前
	06.07	厚狭市宿→吉田宿→小月宿→長府宿	長府	ホテルAZ山口下関店
	06.08	長府宿→下関宿	下関	国民宿舎海峡ビューしものせき
	06.09	下関宿→（巌流島）→大里宿→（小倉）	小倉	門司フェリーターミナルから 巌流島をフェリーで往復 ホテルテトラ北九州
	06.10	（小倉）	帰宅	

※１．（　　　）は間の宿、峠等の本文に取り上げた項目
※２．［　　　］は駅、バス停等の交通機関の名称

西国街道・山陽道 徒歩の旅概略

旅回数	年月日	歩　程	宿泊場所	備　考
1	2017.04.16	京都東寺→山崎宿→芥川宿	芥川	高槻W＆Mホテル
	04.17	芥川宿→郡山宿→瀬川宿→昆陽宿→西宮宿	甲子園	電車で西宮駅から甲子園駅へ移動 ホテル甲子園
	04.18	西宮宿→兵庫宿→（須磨）	須磨	電車で甲子園駅から西宮駅へ移動 国民宿舎シーパル須磨
	04.19	（須磨）→明石宿→［大久保駅］	大久保	ホテル大久保
	04.20	［大久保駅］→加古川宿→御着宿→姫路宿	姫路	姫路グリーンホテル坂元
	04.21	姫路宿→鵤宿→正条宿→片島宿→（相生）→有年宿	相生	電車で有年駅から相生駅へ移動 相生ステーションホテルアネックス
	04.22	有年宿→（船坂峠）→三石宿→片上宿	相生	電車で相生駅から有年駅へ移動 電車で備前片上駅から相生駅へ移動 相生ステーションホテルアネックス
	04.23	片上宿→（伊部）→藤井宿→岡山宿	岡山	コンフォートホテル岡山
	04.24	岡山宿→板倉宿	帰宅	
2	2017.05.08	板倉宿	板倉	国民宿舎サンロード吉備津
	05.09	板倉宿→川辺宿→矢掛宿→（井原鉄道）→［小田駅］	倉敷	電車で小田駅から倉敷駅へ移動 倉敷ステーションホテル
	05.10	［小田駅］→七日市宿→高屋宿→神辺宿→［横尾駅］	福山	電車で倉敷駅から小田駅へ移動 電車で横尾駅から福山駅へ移動 ベッセルイン福山北口ホテル
	05.11	［横尾駅］→今津宿→尾道宿	尾道	電車で福山駅から横尾駅へ移動 尾道国際ホテル
	05.12	尾道宿→三原宿→本郷宿	本郷	星野旅館
	05.13	本郷宿→（田万里市）→西条宿	西条	割烹ホテル 一ぷく
	05.14	西条宿→海田宿	海田市	海田シティホテル
	05.15	海田宿→広島宿→廿日市宿	新井口	電車で廿日市駅から新井口駅へ移動 サムシングホールドルフィンホテル
	05.16	廿日市宿→玖波宿→関戸宿	関戸	電車で新井口駅から廿日市駅へ移動 末岡旅館
	05.17	関戸宿→御庄宿	帰宅	

おわりに

西国街道・山陽道の旅は2017年の4月、5月、6月の3回に分けて歩きました。最初は京都から岡山まで、2回目は岡山から岩国まで、そして最後が岩国から九州の小倉までの旅です。この区切りとした場所は全て新幹線が停車する駅の所在地なので計画を立てやすかったからです。そのため、中山道の旅では1年半を要したことと比べて、あっという間に終わってしまった感じでした。私が歩いた道は全てつながっているのですが、新幹線という現代文明の利器を最大限に利用したので、一度で歩き通した昔の旅人に比べるとかなり楽な旅だと思います。しかし車で移動するのとは違い、歩く旅人だけが味わえる世界を体験することができました。新緑の木々の鮮やかな黄緑色、瀬戸内海とそこに浮かぶ小島が作り出すきれいな景色。九州の地を前にした関門海峡の強烈な青い海などです。そして、関門海峡を歩道で横断するなどはその最たることです。これらは本当に楽しい思い出になりました。

これは私の性格から来るのかもしれませんが、楽しい思い出よりも、苦しい思い出や危なかった時の思い出の方がより鮮明に覚えています。好天の暑い中、有年峠を越えようと山へと入って行ったが、途中で道がなくなり、それでもヤブをかき分けて歩いたが最後には諦めて引き返したこと。西条宿に向かっている時に道が工事中で通行できなくなり、持参した地図では迂回路が範囲外なので、地図が無い状態で不安に思いながら歩いたこと。大雨の中を吉田宿へと歩いたが、草に覆われた道で靴の中までずぶ濡れになり、歩いている道が本当に正しいのか確信が持てなくて、何度引き返そうかと思ったこと。また国道2号線で道幅が狭くて、しかも歩道がない下り道を歩いた時は、私をかすめるようにしてすごいスピードでトラックが通過して行くので、非常に怖かったことなどです。

楽しいことも危ないことも凝縮したような3カ月間の旅でした。ガイドブックを持たず、行先案内表示が少ない中を歩き終えたことで、少したくましい歩く旅人になった気がしました。この西国街道・山陽道の旅では、道に迷っている時に正しい行き方を教えてくれたり、旅館では景色のよく見える部屋をあてがってくれたり、多くの人から親切を受けました。ここに御礼を申し上げます。

著者プロフィール

長坂 清臣（ながさか　きよおみ）

1956年（昭和31）北海道歌志内市出身。現在は埼玉県に在住。
建築の設備設計、現場監理の業務に携わる。趣味として登山をしていたが、東海道を歩いたことをきっかけに街道歩きに興味を持つ。その延長として日本縦断歩きをして2019年に達成。

資格
　設備設計一級建築士　技術士（衛生工学部門）
著書
　『中山道六十九次　徒走の旅絵日記』（2018年　文芸社）

西国街道・山陽道　徒歩の旅絵日記

2020年３月15日　初版第１刷発行

著　者　長坂 清臣
発行者　瓜谷 綱延
発行所　株式会社文芸社
　　　　〒160-0022 東京都新宿区新宿1－10－1
　　　　　　　　　電話 03-5369-3060（代表）
　　　　　　　　　　　 03-5369-2299（販売）

印刷所　株式会社フクイン

ISBN978-4-286-21402-3